Über dieses Buch

Bäume sind faszinierende, achtunggebietende Wesen, die uns im Märchen und Mythos als etwas Wundersames begegnen.
Der Baum ist verwurzelt in der Erde, im Urgrund des Lebens, aber er strebt mit seinen Ästen auch dem Licht zu, den himmlischen Gefilden. So verbindet er beide Pole miteinander, ordnet das Leben und ist weltumfassend. Nicht umsonst ist vom »Weltenbaum« die Rede, der nicht nur die ganze Welt umspannt, sondern zugleich ihr Mittelpunkt und ihre Achse ist, z.B. die Esche Yggdrasil der nordgermanischen Mythologie.
Bäume haben in der Regel in den Märchen eine positive und wundersame Funktion: Sie können sprechen, singen, helfen, beschützende Zuflucht und Heimat sein oder auch der Ort spiritueller Erfahrungen.
Die Vielfalt der Bäume hat die Menschen schon immer beeindruckt, und es gibt zahlreiche ätiologische Märchen, die von der Entstehung besonderer Eigenschaften der Bäume, bestimmter Baumsorten oder außergewöhnlicher Früchte erzählen. Dabei kommt immer wieder zur Sprache, dass auch die Bäume eigentlich beseelte Wesen sind. So erzählen einige Märchen auch von Verwandlungen der Menschen in Bäume oder von Bäumen in Menschen. Noch viele weitere ungeahnte und faszinierende Aspekte findet man in den Baummärchen dieser internationalen Märchensammlung.

Über die Herausgeber

Sabine Lutkat studierte Erziehungswissenschaften, Germanistik und Psychologie. Sie arbeitet freiberuflich in der Erwachsenenbildung mit Vorträgen und Seminaren zu Märchenthemen, als Märchenerzählerin sowie als Reiseleiterin in Irland. Seit 2004 ist sie Präsidiumsmitglied und seit 2012 Präsidentin der Europäischen Märchengesellschaft e.V. Sabine Lutkat ist Mitherausgeberin von Kongressbänden der Europäischen Märchengesellschaft, Autorin diverser Artikel darin und Herausgeberin u.a. der Märchenbände »Feenmärchen« (2007/Neuauflage 2015) und »Ein Koffer voller Märchen – Märchen zum Erzählen und Vorlesen für Kinder ab 4 Jahren« (2016).

Wolfgang Schultze ist passionierter Sammler von Märchen- und Sachbüchern und Mitherausgeber mehrerer regionaler Sagen- und Märchenbücher. Er war viele Jahre Schatzmeister der Europäischen Märchengesellschaft e.V. und fungiert als Mitbegründer und Vorstandsmitglied der Stiftung Europäische Märchenbibliothek. Zusammen mit Sigrid Früh, der bekannten Märchenforscherin und -erzählerin, publizierte er den Märchenband »Pferdemärchen« (2006/Neuauflage 2012).

Gemeinsam gaben Sabine Lutkat und Wolfgang Schultze 2017 bereits die »Märchen von Füchsen« im Königsfurt-Urania Verlag heraus.

Märchen von Bäumen

Herausgegeben
von Sabine Lutkat und
Wolfgang Schultze

KÖNIGSFURT-URANIA

Bibliographische Information der Deutschen Nationalbibliothek
Die Deutsche Nationalbibliothek verzeichnet diese Publikation in der Deutschen Nationalbibliographie; detaillierte bibliographische Daten sind im Internet über http://dnb.d-nb.de abrufbar.

Sonderausgabe
3. Auflage Krummwisch bei Kiel 2018

D-24796 Krummwisch
www.koenigsfurt-urania.com www.maerchen-schaetze.de

Lektorat: Dr. Jennifer Lorenzen-Peth, Quarnbek
Satz: Stefan Hose, Götheby-Holm
Umschlaggestaltung: Jessica Quistorff, Rendsburg, unter Verwendung des folgenden Motivs von Fotolia.com: »Giant tree« © kevron2001
Druck und Bindung: Finidr s.r.o.
Printed in EU

ISBN 978-3-86826-073-1

Inhalt

Sprechende, singende und helfende Bäume

Bäume als beschützende Zuflucht und Heimat

Von Menschenbäumen und Baummenschen

Wundersame Baumgeschichten

Vorwort

Bäume sind faszinierende, wundersame, achtunggebietende Wesen, denen wir voller Staunen und Ehrfurcht in unserem Alltag, aber auch im Märchen und Mythos begegnen.

»Mitnichten ist der Baum zuerst Same, dann Spross, dann biegsamer Stamm, dann dürres Holz. Man darf ihn nicht zerlegen, wenn man ihn kennen lernen will. Der Baum ist jene Macht, die sich langsam mit dem Himmel vermählt.«[1] So hat es Antoine de Saint-Exupéry ausgedrückt.

Zerlegen lässt sich auch der Baum im Märchen und im Mythos sicher nicht. Wir müssen ihn im Ganzen zu ahnen versuchen. Allumfassend ist er. Er reicht tief ins Dunkle der Erde, ist verwurzelt im Urgrund des Lebens. Aber er strebt mit seinen Ästen auch dem Licht zu, den himmlischen Gefilden. So wie ich mich mit dem Baum verwurzeln kann im Urgrund des Lebens, kann ich mit ihm auch hinaufstreben in die himmlischen Gegenden, in die Bereiche der spirituellen Erfahrungen. Auf diese Art und Weise verkörpert der Baum als Symbol die grundlegenden Erfahrungsbereiche des Menschen. Denn zwischen diesen beiden Polen ist unsere menschliche Existenz aufgespannt, zu uns gehört sowohl die materielle als auch die spirituelle Welt.

Indem der Baum beide Pole in sich vereint und sie miteinander verbindet, ordnet er das Leben und ist weltumfassend. Nicht umsonst ist vom »Weltenbaum« die Rede, dem Baum, der nicht nur die ganze Welt umspannt, durchdringt, sondern zugleich ihr Mittelpunkt und ihre Achse ist.

Der wohl bekannteste Weltenbaum ist die Esche *Yggdrasil* der nordgermanischen Mythologie.[2] Deshalb ist der Sammlung ein Text zur Beschreibung des Weltenbaums einleitend vorangestellt.

Doch auch im Märchen begegnen uns solche Weltenbäume. Besonders schön und anschaulich ist das im italienischen Märchen *Schöner als Himmel und Erde*, aufgeschrieben von Silvia Studer-Frangi. In ihm steigt ein Märchenheld sowohl an seinen Wurzeln in die Tiefe als auch an seinen Ästen in die Höhe – er durchquert also die entgegengesetzten Ebenen des Seins, um am Ende sein Glück in der Mitte, in der Menschenwelt zu finden.

Vor allem in den osteuropäischen Überlieferungen sind Märchen vom himmelhohen Baum tradiert. Dieser Baum wird bestiegen, der Märchenheld kommt in andere Welten und erfährt Wesentliches; oft genug findet er dort oben seine Jenseitsbraut (*Die Prinzessin auf dem Baum*, *Die Frucht des hohen Baumes*). Doch auch von anderen Erfahrungen berichten die Märchen, in denen der Märchenheld den Weltenbaum besteigt (*Der Wunderbaum zum Himmel*, *Der Wunderbaum*). Im letztgenannten Märchen möchte der Märchenheld nach seiner Hochzeit den Baum seiner Frau zeigen. Auf ihm hatte er drei Welten vorgefunden, eine kupferne, eine silberne, eine goldene, aus denen er entsprechende Zweige mitgebracht und seine kupfernen Füße, seine silbernen Hände und seine goldenen Haare erhalten hat. Doch der Baum ist verschwunden.

Wenn man die Besteigung des himmelhohen Baumes mit spirituellen Erfahrungen gleichsetzt, scheint es nur folgerichtig zu sein, dass der Baum nicht mehr da ist. Spirituelle Erfahrungen können nicht eins zu eins wiederholt und auch nicht von anderen nachgeahmt werden; und sie können auch nur begrenzt auf die Erde herabgeholt werden.

Wichtig in diesem Zusammenhang ist noch, dass die himmelhohen Bäume der ungarischen und angrenzenden Überlieferung weniger mit der Weltenesche Yggdrasil in Verbindung gebracht werden als vielmehr mit der Schamanenreise. Der Weg des Märchenhelden wird von der Märchenforschung mit der Schamanenreise verglichen. Kovács schreibt in der »Enzyklopädie des Märchens«: »Besteigt der Schamanenkandidat die Stufen des Baumes, verschafft er sich die wichtigsten Zaubermittel (Trommel, Pferd etc.); erklimmt der Schamane selbst den Baum, zieht er die Geister der Ahnen zu Rate oder wendet sich mit den Wünschen der Gemeinschaft an den Hauptgott, der auf dem Wipfel wohnt.«[3]

Ein weiteres Beispiel für einen Weltenbaum: »In der Volksdichtung der Jakuten, eines nordostasiatischen Steppenvolkes, wird jener Baum besungen, der Himmel und Erde, Menschen und Götter miteinander verbindet: ›Am gelben Nabel der achteckigen Erde steht ein üppiger Baum mit neun Ästen. Seine Runde und Knospen sind silbern, die Blätter sind so groß wie eine Pferdehaut. Auf dem Wipfel des Baumes fließt schäumend der göttliche, gelbe Saft. Wenn die Vorübergehenden davon genießen, werden die Müden erfrischt und die Hungernden satt.‹«[4]

Zusammenfassend schreibt Ward in der »Enzyklopädie des Märchens« über den Baum, dass er, »auf Grund seiner Größe, seines oft hohen Alters, seiner Fruchtbarkeit, seiner jährlichen Wiederbelebung oder seines Immergrüns (Koniferen) zum Mittelpunkt zahlreicher kosmogonischer, anthropogonischer oder mit Vergehen, Auferstehung und ewigem Leben verbundener religiöser Vorstellungen werden musste.«[5]

Die Vielfalt der Bäume, die Tatsache, dass manche ihre Blätter abwerfen und manche nicht, ihr unterschiedliches Aussehen, all das hat die Menschen schon immer beeindruckt, und es gibt viele ätiologische Märchen, die von der Entstehung besonderer Eigenschaften der Bäume oder bestimmter Baumsorten selbst erzählen. Dabei kommt immer wieder zur Sprache, dass auch die Bäume eigentlich beseelte Wesen sind (*Warum die Bäume nicht mehr reden*). *Warum die Kiefern so struppig sind* und *Märchen von der Eiche* erklären ein bestimmtes Aussehen dieser Bäume, während *Steineiche und Steinbuche* und *Vom Ursprung des Kokosnussbaumes* die Entstehung dieser Baumsorten thematisieren.

Ebenso fasziniert waren und sind die Menschen von der Vielzahl der wunderbaren Früchte an den Bäumen. Wie die Früchte insgesamt auf die Erde kamen, davon erzählt *Der Wunderbaum Allepantepo*. Überaus kostbar ist der *Baum, der goldene Äpfel trug* und oft genug weisen die Äpfel den Weg zum Partner/zur Partnerin. *Einen Birnbaum säen* erzählt davon, dass die Gaben, die uns durch die Bäume und die Natur geschenkt werden, und der Geiz unaufhebbare Gegensätze sind. Und die Frucht in *Alle tausend Jahre reift die flache Pfirsichfrucht* ist glückverheißend schlechthin.

Bäume haben in der Regel in den Märchen eine positive Funktion. In unserer Sammlung gibt es nur ein Märchen, in dem die Bäume eher dämonisch wirken (*Die verzauberten Weiden*). Wenn die Erfahrungen mit Bäumen sonst negativ sind, hängt das eher mit Verzauberung und Verwünschung (*Die Zauberesche*) oder mit dem mangelndem Respekt vor ihnen zusammen (*Der Schneider im Baum*). Einige Bäume helfen den Guten und bestrafen die Bösen (*Der Fichtling*, *Der Zauberwald*, *Die Jungfrau geht nach dem Feuer*). Es gibt eine Fülle von Bäumen, die den Märchenhelden und Märchenheldinnen helfen und oft hängt ihr Gedeihen mit dem Glück derselben zusammen (*Die Töchter des Holzhauers*, *Das Makassarische Aschenbrödel*, *Springendes Wasser, sprechender Vogel, singender Baum*).

Für Gerd Haerkötter »verkörpern die Bäume die uralte Sehnsucht des Menschen nach dem sich immer erneuernden ewigen Leben. Denn ihre Fähigkeit, ihre Lebenskraft von Jahr zu Jahr zu regenerieren, macht sie zum Sieger über den Tod.«[6]

Das ist etwas, was über den Menschen und das Menschenmögliche hinausgeht. Die Worte *Ehrfurcht* und *Demut* kommen einem beim Nachdenken über Bäume und ihren Symbolgehalt unweigerlich in den Sinn, sie stehen in unabdingbarem Zusammenhang mit Bäumen. Zu anderen Pflanzen muss ich hinabschauen, zu Bäumen muss ich hinaufschauen!

In den hier nicht aufgenommenen Grimmschen Märchen von *Aschenputtel* und *Einäuglein, Zweiäuglein und Dreiäuglein*, aber auch in *Von dem Machandelboom* sind Motive der Verbindung zwischen Mensch und Baum und ihrer Lebenskraft enthalten. Bäume spenden nicht nur Gaben, sondern im Brauchtum und im Märchen gibt es die Lebensbäume, die Sympathiebäume, die Grabbäume. Die Märchen *Das Makassarische Aschenbrödel* und *Der Wacholderbaum* greifen diese Gedanken auf. Dass aus dem Grab zweier Geschwister Bäume wachsen, die sich über dem Kirchendach berühren und so auf ihre Unschuld hinweisen, ist ein besonders schönes Motiv (*Die beiden Ebereschenbäume*). Aber auch andere magische Wesen können zum magischen Baum und aus dem verbrannten Baum kann wiederum zauberkräftige Asche werden (*Der alte Mann, der die Bäume zum Blühen brachte*).

Zwischen Mensch und Baum besteht ein enger Zusammenhang. Auch unsere Sprache spiegelt solches wider. Wir sprechen vom Stammbaum, Stammhalter, Zweig der Familie, unserer Abstammung. Aber auch sonst benutzen wir in unserer Sprache oft Bilder, die mit Bäumen zu tun haben: baumstark, stämmig, verwurzelt, entwurzelt, aus gutem Holz geschnitzt, astrein, ungehobelt/ungehobelter Klotz, sich aufbäumen, ein Kerl wie ein Baum, back to the roots.

Darüber hinaus sind Bäume wichtige Orte und spielen im Brauchtum ihre Rolle: Es gibt Grenzbäume, den Maibaum, den Weihnachtsbaum, die Gerichtslinde und die Dorflinde.

Die enge Verwandtschaft von Mensch und Baum wird natürlich auch in all den Märchen und mythologischen Erzählungen sichtbar, in denen sich Menschen in Bäume verwandeln.

Aus Ovids »Metamorphosen«[7] ist die Geschichte von Daphne bekannt, die Jungfrau bleiben möchte. Apollo, getroffen von Amors Pfeil, stellt ihr unnachgiebig nach, so dass sie die Götter um Hilfe anruft und in einen Lorbeerbaum verwandelt wird.

In den »Metarmorphosen« findet sich auch die Geschichte von Myrrha, die sich der verbotenen Liebe zu ihrem Vater nicht erwehren kann, unerkannt mehrfach bei ihm liegt und sich dann aus Scham und Verzweiflung in eine Myrrhe verwandelt. Ihre Tränen sind das Harz. Und ihr Sohn aus dieser verfluchten Verbindung ist Adonis, aber das ist eine andere Geschichte.

Auch im Märchen gibt es die Verwandlung aus oder in Pflanzen/Bäume: Neben den zahlreichen Orangen- oder Apfelmädchen gibt es *Das Lorbeerkind*, sicher ein Nachhall auf Daphne. Getötete können sich in Bäume verwandeln, aus denen Musikinstrumente gemacht werden, die die böse Tat ans Licht bringen, und in der hier aufgenommenen Variante kommt am Ende das getötete Mädchen aus dem Musikinstrument wieder hervor (*Der Ahornbaum*). In *Gulianar, die Granatapfelblüte* verwandeln sich getötete Kinder in einen Baum und seine Blüten bzw. Früchte daran, bevor sie erlöst werden.

Ganz besonders apart ist *Die Geschichte vom hölzernen Mädchen*, in dem zuerst eine aus Holz geschnitzte Gestalt zum lebenden Mädchen wird, dann aber wieder zu ihrem Ursprung in einen Baum zurückkehrt.

Viele andere Aspekte spielen ebenfalls eine wichtige Rolle in den Baummärchen. Bäume sind bewohnt, beseelt von Baumgeistern oder der Wohnort von Andersweltwesen: *Der Garten der Jadefee, Der goldene Baum im Meer.* In einem Fall sind sie auch der Wohnort von Ungeheuern und müssen vernichtet werden (*Die drei Bäume*).

Bäume können Schutz- und Heilungsort sein für Mädchen wie Allerleirauh, die in der Baumhöhle Schutz suchen, hier sind sie im Märchen *Lineik und Laufey* Schutzort für zwei Geschwister.

Außerdem findet man noch die Vorstellung der heiligen Haine und Bäume, die aufs Schärfste vom Christentum bekämpft wurde (das bekannteste Beipsiel ist, dass Bonifatius die Donareiche gefällt hat). Eventuell ist in der Sage *Der Schatz im Baum* noch etwas davon erhalten.

Andere Märchen wiederum stellen einen Zusammenhang her zwischen dem Grünen und Blühen eines Baumes und einer göttlichen Vergebung (*Der Versöhnungsbaum*, *Die drei Linden*).

Des Weiteren kann der Baum sowohl Treffpunkt von Geistern und Übernatürlichem sein als auch Schutz gewähren (*Die Heckentür*, *Die Teufelchen auf dem Eichenbaum*, *Der Blinde*).

Bäume sind Magie schlechthin (*Die Pappel).*

Es gäbe noch weitere Aspekte wie z.B. das Motiv von Baum, Schlange und Früchte, aber der Umfang dieses Bandes ist begrenzt. Die wichtigsten Aspekte im Zusammenhang mit dem Symbol des Baumes im Märchen sind aber in dieser Sammlung von Märchen aus aller Welt enthalten.

Bäume scheinen im Märchen immer Frage und Aufforderung zugleich zu sein. Sie fragen uns, wo unsere Wurzeln sind, aber auch, wohin wir wachsen wollen und in welche spirituellen Bereiche wir uns begeben möchten. Sie fordern uns auf, all das, was als Same in uns angelegt ist, zum Wachstum und zur Entfaltung zu bringen.

Sie fordern uns auf, nicht einseitig zu werden, sondern uns gut zu verwurzeln und mit der Erde und den dunklen Tiefen ebenso zu verbinden wie mit den lichten Höhen und den himmlischen Regionen. Sie sagen uns, dass das menschliche Leben zwischen diesen beiden Polen aufgespannt ist, dass wir Anteil am Dunklen haben und Anteil am Lichten, dass unser Zuhause aber die Mitte, die Erde, das menschliche Leben im Hier und Jetzt ist.

Schließen möchte ich mit einem Zitat von Hermann Hesse:

»Bäume sind wie Heiligtümer. Wer mit ihnen zu sprechen, wer ihnen zuzuhören weiß, der erfährt die Wahrheit. Sie predigen nicht Lehren und Rezepte, sie predigen, um das einzige unbekümmert, das Urgesetz des Lebens.«[8]

Anmerkungen

1 Antoine de Saint-Exupéry, zitiert nach Laudert, Doris: »Mythos Baum. Geschichte – Brauchtum – 40 Baumporträts«. München: BLV Verlagsgesellschaft mbH, 2003. S. 33.

2 Die Quelle hierfür ist die Edda. Es wird unterschieden zwischen der Älteren Edda = Lieder-Edda, die auf das 9./10. Jh. n. Chr. in Island zurückgeht, und der Jüngeren Edda = Prosa-Edda = Snorri Edda, aufgeschrieben 1200-1225 n. Chr. in Island von Snorri Sturluson, dem bedeutendsten isländischen Gelehrten des Mittelalters.

3 Kovács, Agnes: »Der himmelhohe Baum«. Brednich, Rolf Wilhelm (Hrsg.): Enzyklopädie des Märchens. Handwörterbuch zur historischen und vergleichenden Erzählforschung. Begründet von Kurt Ranke. Hrsg. v. Rolf Wilhelm Brednich zusammen mit Hermann Bausinger u.a. Berlin, New York: de Gruyter, 1999. Bd. 1, Sp. 1381-1386, hier Sp. 1385.

4 Haerkötter, Gerd: »Das Geheimnis der Bäume. Sagen, Geschichten, Beschreibungen«. Köln: Anaconda Verlag, 2006. S. 27.

5 Ward, Donald: »Baum«. EM (wie Anm. 3), Bd. 1, Sp. 1366-1374, hier Sp. 1366.

6 Haerkötter (wie Anm. 4), S. 24

7 Vgl. Ovid: »Metamorphosen«. Stuttgart: Reclam, 1972, 2015.

8 Hesse, Hermann, zitiert nach Haerkötter (wie Anm. 4), S. 25.

Yggdrasil

In der nordischen Mythologie hat Yggdrasil, die Weltenesche, eine ganz besondere, eine außergewöhnliche Bedeutung. Sie ist Trägerin des ganzen Weltgebäudes; ihre Wurzeln reichen in die untere Welt, während ihr Wipfel bis in die obere Welt, die Götterwelt, reicht und sich über das ganze Himmelsgewölbe ausbreitet.

Ihre Wurzeln sind dreigeteilt, eine sprudelt aus dem Brunnen Hwergelmir im urkalten Niflheim und ist Quelle der Meere, aller Ströme, Flüsse und Bäche der Erde, und hierher kehrt alles Wasser nach vollendetem Kreislauf zurück. Dies ist die Unterwelt, Hel (Totenreich) genannt; hier befinden sich die Wohnungen der Toten. In diesen Gefilden lebt die Schlange Nidhögg, die an den Wurzeln der Yggdrasil nagt, und mit ihr unzählige weitere Schlangen.

Der zweite Brunnen ist die Mimirquelle, im Land der Reifriesen, Jötunheim genannt. Sie gehört Mimir, der weiseste und friedlichste aller Riesen. In diesem Brunnen sind alle Weisheiten verborgen. Täglich trinkt Mimir aus dieser Wunderquelle. Ihm werden die uralten Geheimnisse der Vorzeit kund. Einmal begab sich Odin zu Mimir und bat um einen Trank aus dieser Quelle. Der Riese forderte einen hohen Preis, und zwar ein Auge Odins, das dieser als Pfand hinterlegte. Odin beherrscht nun die Runenkunde und kennt alle Weisheiten der Ahnen.

Die dritte Wurzel ist im Himmel und hier befindet sich der heilige Urdbrunnen. Täglich reiten die Götter über Bifröst (Regenbogen), die Asenbrücke dorthin, um Gericht zu halten. Das Wasser dieses Brunnens ist so heilig, dass alles, was in den Brunnen kommt, so weiß wird wie die Haut, die inwendig in der Eierschale liegt. Der Tau, der von der Esche auf die Erde fällt, nennt man Honigfall; davon ernähren sich die Bienen. Auch nähren sich zwei Schwäne in Urds Brunnen, und von ihnen kommt das Vogelgeschlecht dieses Namens.

Am Fuße des Baumes sitzen die Nornen, die Schicksalsgöttinnen, Urd (Vergangenheit), Werdandi (Gegenwart) und Skuld (Zukunft).

Sie sitzen am Brunnen, ritzen Runen und spinnen und weben die Schicksale der Götter und der Menschen. Täglich besprengen die Nornen mit dem heiligen Wasser den Weltenbaum, damit er, trotz der fortgesetzt an seinen tiefsten Wurzeln und an seinen Zweigen nagenden Feinde, nicht verdorre.

In dem immergrünen Wipfelwalde weidet die Ziege Heidrun, und wunderkräftig muss wohl ihre Speise sein, denn diese Geiß gibt so viel Met, dass alle Götter und Helden Walhalls sattsam davon zu trinken haben. Weitere vier Hirsche nähren sich von den Blättern und Knospen der Esche. Auf der Krone des Weltenbaumes wacht der heilige Hahn mit einem goldenen Kamm. Er hält immer Ausschau nach Feinden, die sich der Götterwelt nähern. Ebenfalls auf dem Gipfel des Baumes sitzt ein Adler, und zwischen seinen Augen rastet ein Habicht (Wedrfölnir), der Wettermacher.

Das am Stamm hurtig auf- und niederhuschende Eichhörnchen Ratatosk (Rattenzahn) eilt zwischen der Schlange Nidhögg und dem Adler im Wipfel unermüdlich hin und her und trägt die gegenseitigen gehässigen Worte der Verwünschungen und Drohungen, die ausgestoßen werden, von einem zum anderen.

Wenn aber die Weltenesche Yggdrasil erbebt, so ist das das erste Zeichen des Weltuntergangs.

Himmelhohe Bäume

Schöner als Himmel und Erde

Es war einmal ein Mann und eine Frau. Lange Jahre warteten sie vergeblich auf ein Kind. Endlich wurde ihnen ein Knabe geboren. Alle Leute kamen herbei, um das Kind zu sehen und zu bewundern. In der ersten Nacht, als die Gäste fortgegangen waren und im Hause alles schlief, setzte sich eine große, schöne Frau neben das schlafende Kind. Sie legte ihm einen goldenen Stern zwischen die Augenbrauen, sang ein Wiegenlied und verließ den Ort.

In der zweiten Nacht, als alles ruhig war, stellte sich ein dunkler Mann neben die Wiege, zeichnete dem Kind einen schwarzen Punkt auf jeden Fuß, seufzte und ging von dannen.

In der dritten Nacht weinte das Kind im Schlaf, Vater und Mutter aber hörten es nicht. Da war auf einmal ein Kind bei dem Neugeborenen, das zugleich weinte und lachte. Das legte sich zu dem Kleinen und tröstete ihn.

Als der Knabe herangewachsen war, zog er in die Welt hinaus. Er wanderte und wanderte, bis er in die Mitte der Welt kam. Da wollte er das Apfelmädchen holen, das schöner war als Himmel und Erde. Jetzt kam er zum Baum. Er ging den Wurzeln nach in die Tiefe, es wurde immer dunkler, und seine Füße taten ihm weh.

Mit äußerster Anstrengung konnte er das Mädchen sehen, aber nur für die Zeit eines Mäusepfiffs. Da beschloss er, auf den Ästen in die Höhe zu klettern, aber je höher er kam, desto mehr wurde er vom Licht geblendet, und das Gewicht des Sterns zwischen den Augen tat ihm weh. Mit äußerster Anstrengung vermochte er die Umrisse des Mädchens zu sehen, aber nur für die Zeit eines Vogelschreis. Er kletterte wieder auf die Erde hinunter. Müde und elend lehnte er sich an den Stamm des Apfelbaums. Da fiel plötzlich ein Apfel herunter und heraus sprang ein Mädchen, das war schöner als Himmel und Erde!

»Du hast mich erlöst«, sprach sie und umarmte ihn. »Es war höchste Zeit, wärest du bis Mitternacht nicht gekommen, wäre ich mein Leben lang eingeschlossen geblieben, wo es zu dunkel und zu hell ist.«

Dann gingen sie Hand in Hand den weiten Weg zurück. Sie hatten einander viel zu erzählen und manchmal weinten sie und manchmal lachten sie.

Märchen aus Italien

Die Prinzessin auf dem Baum

Es war einmal ein armer Junge, der musste Tag aus Tag ein die Schweine in den Wald treiben, dass sie bei Bucheckern und Eichelmast fett würden. Dabei war er nach und nach achtzehn Jahre alt geworden. Eines Tages trieb er seine Schweine noch tiefer in den Wald, als er es bisher getan hatte. Da sah er plötzlich einen allmächtig hohen Baum vor sich, dessen Zweige sich in den Wolken verloren. »Das ist aber ein Baum!«, sagte der Junge bei sich. »Wie mag es wohl sein, wenn du dir von seinem Wipfel aus die Welt beschaust?!« Gedacht, getan: Er ließ seine Schweine im Boden wühlen und kletterte an dem Stamme empor. Er kletterte und kletterte, aber es wurde Mittag, die Sonne ging unter, und noch immer war er nicht in das Geäst gekommen. Endlich, da es schon zu dunkeln begann, erreichte er einen armlangen Ast, der in die freie Luft hinausragte. Daran band er sich mit der neuen Peitschenschnur, die er in der Tasche trug, fest, dass er nicht hinabstürzte und Hals und Bein bräche, und dann schlief er ein.

Am andern Morgen hatte er sich so weit erholt, dass er sich mit frischen Kräften wieder an die Arbeit machen konnte. Um die Mittagszeit langte er denn auch in dem Geäste an, und von dort ging das Steigen leichter, doch den Wipfel erreichte er auch diesmal nicht; wohl aber kam er gegen Abend in einem großen Dorf an, das in die Zweige hineingebaut war. »Wo kommst du her?«, fragten die Bauern verwundert, als sie ihn erblickten. »Ich bin von unten heraufgestiegen«, antwortete der Junge. »Da hast du eine weite Reise gehabt«, sprachen die Bauern, »bleib bei uns, dass wir dich in unsern Dienst nehmen!« – »Hat denn hier der Baum schon ein Ende?«, fragte der Junge. – »Nein«, gaben die Bauern zurück, »der Wipfel liegt noch ein gutes Stück höher.« – »Dann kann ich auch nicht bei euch bleiben«, versetzte der Junge, »ich muss in den Wipfel hinauf. Aber zu essen könnt ihr mir geben; denn ich bin hungrig, und müde bin ich auch.« Da nahm ihn der Schulze des Dorfes in sein Haus, und er aß und trank, und nachdem er satt geworden war, legte er sich hin und schlief. Am andern Morgen bedankte er sich bei den Bauern, sagte ihnen Lebewohl und stieg weiter den Baum hinauf.

Die Sonne stand schon hoch am Himmel, als er ein großes Schloss erreichte. Da schaute eine Jungfrau zum Fenster hinaus, die freute sich sehr, dass endlich einmal ein Mensch zu ihr gekommen war. »Komm zu mir herein und bleibe bei mir«, sagte sie freundlich. »Hat hier denn der hohe Baum ein Ende?«, fragte der Junge. »Ja, weiter hinauf geht es nicht«, sprach die Jungfrau, »und nun komm herein, dass wir uns die Zeit vertreiben.« – »Was machst du denn hier oben so alleine?«, fragte der Junge. Antwortete die Jungfrau: »Ich bin eines reichen Königs Tochter, und ein böser Zauberer hat mich hierher verwünscht, dass ich hier leben und sterben solle.« – Sprach der Junge: »Da hätte er dich auch ein wenig tiefer verwünschen können.« Das half nun aber nichts, sie saß da oben und musste da oben bleiben. Und weil die Prinzessin ein so schönes Mädchen war, so beschloss er, nicht wieder zurückzukehren und mit ihr zusammen im Schloss zu bleiben.

Das war ein lustiges Leben, das die beiden da oben im Schloss auf dem hohen Baum führten. Um Speise und Trank mussten sie sich nicht sorgen, denn was sie wünschten, das stand gleich vor ihnen. Nur eines wollte dem Jungen nicht behagen, dass die Prinzessin ihm verboten hatte, in ein bestimmtes Zimmer im Schloss zu treten. »Gehst du hinein«, hatte sie zu ihm gesagt, »so bringst du mich und dich ins Unglück.«

Eine Zeit lang hörte er darauf. Endlich aber konnte er es nimmer mehr aushalten, und, als sie sich nach dem Essen hingelegt hatte, um ein Stündchen zu schlafen, nahm er das Schlüsselbund und suchte den Schlüssel hervor, ging hin und schloss die verbotene Türe auf. Als er drinnen im Zimmer stand, gewahrte er einen kohlschwarzen großen Raben, der war mit drei Nägeln an die Wand geheftet: Der eine ging ihm durch den Hals, und die beiden andern durchbohrten seine Flügel. »Gut, dass du kommst«, schrie der Rabe, »ich bin vor Durst schier verschmachtet! Gib mir von dem Kruge, der dort auf dem Tisch steht, einen Tropfen zu trinken, sonst muss ich elendiglich des Todes sterben.« Der Junge aber hatte über den

Anblick einen solchen Schrecken bekommen, dass er auf die Worte des Raben gar nicht achtete und zur Tür zurücktrat. Da schrie der Rabe mit kläglicher Stimme, dass es einen Stein erweichen konnte: »Ach, geh nicht fort, ehe du mich hast trinken lassen. Denke, wie dir zu Mute wäre, wenn dich jemand Durstes sterben ließe.« – »Er hat recht«, sprach der Junge bei sich, »ich will ihm helfen!« Dann nahm er den Krug vom Tisch und goss ihm einen Tropfen Wasser in den Schnabel hinein. Der Rabe fing ihn mit der Zunge auf, und sobald er ihn heruntergeschluckt hatte, fiel der Nagel, der durch den Hals ging, zu Boden. »Was war das?«, fragte der Junge. »Nichts«, antwortete der Rabe, »lass mich nicht verschmachten und gib mir noch einen Tropfen Wasser!« – »Meinetwegen«, sagte der Junge, und goss ihm einen zweiten Tropfen in den Schnabel hinein. Da fiel auch der Nagel, welcher den rechten Flügel durchbohrt hatte, klirrend auf die Erde hinab. »Nun ist's aber genug«, sagte er. »Nicht doch«, bat der Rabe. »Aller guten Dinge sind drei!« Doch als der Junge ihm auch den dritten Tropfen eingeflößt hatte, war der Rabe seiner Fesseln frei, schwang die Flügel und flog krächzend zum Fenster hinaus.

»Was hast du getan?«, rief der Junge erschrocken. »Wenn es nur die Prinzessin nicht merkt!« Die Prinzessin merkte es aber doch, denn er sah kreidebleich aus, als er zu ihr in die Stube trat. »Du bist wohl gar in dem verbotenen Zimmer gewesen?«, sprach sie hastig. »Ja, da bin ich gewesen«, antwortete der Junge kleinlaut, »aber ich habe weiter nichts Schlimmes dort verübt. Es hing nur ein verdursteter schwarzer Rabe an der Wand, dem gab ich zu trinken. Und als er drei Tropfen getrunken hatte, fielen die Nägel, mit denen er angeheftet war, auf den Erdboden herab, und er bewegte die Flügel und flog durch das Fenster davon.« – »Das ist der Teufel gewesen, der mich verzaubert hat!«, jammerte die Prinzessin. »Nun wird's nicht mehr lange dauern, so holt er mich nach!« Und richtig, es dauerte gar nicht lange, so war eines Morgens die Prinzessin verschwunden, und sie kam nicht wieder, obgleich der Junge drei Tage lang auf ihre Rückkehr wartete.

»Kommt sie nicht zu mir, so gehe ich zu ihr!«, sagte er bei sich, als sie auch am Abend des dritten Tages nicht wieder zurückgekehrt war. Am folgenden Morgen machte er sich auf den Weg, den Baum herab. Als er in dem Dorf ankam, fragte er die Bauern: »Wisst ihr nicht, wo meine Prinzessin geblieben ist?« – »Nein«, sagten die Bauern, »wie sollen wir es wissen, wenn du es nicht weißt, der du von dem Schloss kommst!«

Da stieg der Junge tiefer und tiefer, bis er endlich wieder auf den Erdboden gelangte. »Nach Hause gehst du nicht, da gibt's Schläge«, dachte er. Darum wanderte er immer waldein, ob er nicht irgendwo eine Spur der Prinzessin ausfindig machen könnte. Nachdem er drei Tage im Wald umhergeirrt war, begegnete ihm ein Wolf. Er fürchtete sich und floh, doch der Wolf rief: »Fürchte dich nicht! Aber sage mir, wohin führt dich dein Weg?« – »Ich suche meine Prinzessin, die mir gestohlen worden ist«, antwortete der Junge. »Da hast du noch weit zu laufen, ehe du sie bekommst«, sagte der Wolf. »Hier hast du drei Haare von mir. Wenn du in Lebensgefahr bist und die Haare zwischen den Fingern reibst, so bin ich bei dir und helfe dir aus der Not.« Der Junge bedankte sich bei dem Wolf und ging weiter.

Über drei Tage kam ihm ein Bär in den Weg, und der Junge war vor Schreck wie versteinert und hielt sich für verloren. Der Bär war aber gar nicht blutrünstig gesinnt, sondern rief dem Jungen freundlich zu: »Fürchte dich nicht, ich tue dir kein Leid an. Erzähle mir nur, was dir fehlt!« Als der Junge sah, wie gutmütig der Bär war, sagte er: »Mir fehlt meine Prinzessin, die hat mir ein böser Zauberer gestohlen, und ich wandere jetzt in der Welt umher, bis ich sie finde.« – »Da hast du noch einen guten Weg, bis du zu ihr gelangst«, erwiderte der Bär. »Hier hast du drei von meinen Haaren! Wenn du in Lebensgefahr kommst und meiner bedarfst, so reibe die Haare zwischen den Fingern, und ich bin bei dir und stehe dir bei.« Der Junge steckte die Haare zu sich, bedankte sich und zog wieder drei Tage im Wald umher.

Da begegnete ihm ein Löwe, und als der Junge vor Angst gerade auf einen Baum klettern wollte, rief das wilde Tier ihm zu: »Nicht doch! Bleib unten, ich tu dir nichts.« – »Das ist etwas anderes«, sagte der Junge und dann erzählte er auch dem Löwen, warum er ohne Weg und Steg in dem Wald herumlaufe. »Da hast du's gar nicht mehr weit«, antwortete der Löwe, »eine gute Stunde von hier sitzt die Prinzessin in dem Jägerhaus. Mach dich auf und geh zu ihr! Und wenn du in Lebensgefahr kommst und mich brauchen kannst, so nimm diese drei Haare und reibe sie zwischen den Fingern; dann bin ich bei dir und helfe dir aus aller Not.« Damit übergab er dem Jungen die drei Haare und trottete weiter in den Busch hinein. Der Junge aber schritt wacker zu, dass er das Jägerhaus bald erreiche.

Es dauerte auch gar nicht lange, so sah er es durch die Bäume schimmern, und noch ein kleines Weilchen, so hatte er die Türe aufgeklinkt und stand in der Stube und sah die Prinzessin vor sich stehen. »Junge, wo kommst du her?«, rief sie erstaunt. »Wo ich herkomme?«, antwortete der Junge. »Denkst du, ich werde allein oben bleiben und dich bei dem bösen Zauberer lassen? Aber jetzt gib mir geschwind etwas zu essen, und dann wollen wir uns auf und davon machen und zu deinem Vater gehen!« – »Ach, mein Junge, das geht nicht so«, sagte die Prinzessin traurig. »Der alte Jäger, der mich bewacht, ist zwar den ganzen Tag über im Wald, aber er hat einen dreibeinigen Schimmel im Stall, der weiß alle Dinge und sagt es ihm sogleich, wenn wir geflohen sind. Und wenn er das weiß, so holt er uns bald ein.« Der Junge ließ sich das aber wenig kümmern, aß und trank, und nachdem er satt war, nahm er die Prinzessin bei der Hand und lief mit ihr aus dem Jägerhaus auf und davon.

Als sie ein Weilchen gegangen waren, schrie der dreibeinige Schimmel im Stall Mord und Zeter und hörte nicht auf, bis der alte Jäger herbeigelaufen kam und ihn fragte, was ihm fehle. »Es ist jemand gekommen und hat die Prinzessin gestohlen!«, schrie der Schimmel. »Sind sie schon weit?«, fragte der Jäger. »Weit noch nicht«, antwortete der Schimmel, »setz dich nur auf meinen Rücken, wir werden sie bald einholen!« Als der Jäger den Jungen und die Prinzessin erblickte, rief er zornig: »Warum hast du mir meine Prinzessin gestohlen?« – »Warum hast du sie mir gestohlen?«, gab ihm der Junge trotzig zurück. »Ach, du bist's«, antwortete der alte Jäger, »da will ich dir die Sache für diesmal verzeihen, weil du damals mitleidig warst und mich mit dem Wasser tränktest. Aber unterstehst du dich noch einmal und raubst mir die Prinzessin, so muss dich mein dreibeiniger Schimmel in den Erdboden stampfen, dass du des Lebens vergisst.« Dann nahm er dem Jungen die Prinzessin ab, hob sie vor sich auf den Sattel und ritt mit ihr in das Jägerhaus zurück. Der Junge schlich sich jedoch leise nach, und als der alte Zauberer wieder in den Wald gegangen war, trat er von Neuem in das Haus hinein und sagte zur Prinzessin: »Höre einmal, ich rette dich doch! Wenn ich nur erst einen solchen Schimmel habe, wie ihn der alte Jäger besitzt. Ich werde unter das Bett kriechen, und du fragst ihn dann, wenn ihr im Bett seid, wie er den dreibeinigen Schimmel erworben hat.« Damit war die Prinzessin einverstanden, und der Junge kroch unter das Bett und wartete, bis der Abend kam und der Jäger nach Hause kehrte.

»Väterchen«, sagte die Prinzessin zutraulich, als der Zauberer zu Bette gegangen war, und kraulte ihm die struppigen Haare, »Väterchen, wie seid Ihr zu dem dreibeinigen Schimmel gekommen! Das ist ein prächtiges Pferd, ist klüger wie ein Mensch und läuft schneller wie der Wind.« – »Das will ich dir sagen, mein Töchterchen«, sprach der alte Jäger und schmunzelte über sein garstiges Gesicht, denn das Kraulen tat ihm wohl, »den Schimmel habe ich mir in drei Tagen erworben.« – »Kann sich jeder Mensch ein solches Pferd verdienen?«, fragte die Prinzessin. »Gewiss«, antwortete der Jäger, »wenn er klug ist, kann's ihm nicht fehlen. Ein Stündchen von hier im Walde wohnt eine Frau, das ist eine arge Hexe. Sie besitzt die schönsten Pferde weit und breit; und wer ihre Fohlen drei Tage zu hüten vermag, der kann sich zur Belohnung das Pferd aussuchen, das ihm von allen Tieren im Stalle am besten gefällt. Es gab da auch noch zwölf Lämmer, aber mir hat sie die nicht gegeben. Und so kam's, dass die zwölf Wölfe, die in dem Wald wohnen, als ich mit meinem Schimmel davonritt, auf mich losstürzten. Und da ich keine Lämmer hatte, die ich ihnen vorwerfen konnte, so eilten sie meinem Schimmel nach, und ehe ich über die Grenze kam, die sie nicht überschreiten dürfen, hatten sie dem Tier den rechten Fuß ausgerissen, und seitdem hat er drei Beine bis auf den heutigen Tag.« »Wer nun aber die Fohlen nicht hüten kann, wie geht's dem?«, fragte die Prinzessin. »Dem geht's schlecht«, erwiderte der alte Jäger, »die Hexe schlägt ihm das Haupt ab und spießt es auf den Zaun, der um das Gehöft geht, auf. Und da stecken schon zu viele Köpfe, dass sie bald einen neuen Zaun bauen muss, um sie alle unterzubringen.« Jetzt wusste der Junge unter dem Bette genug. Die Prinzessin hörte auf mit Fragen, und sie schliefen alle drei die ganze Nacht hindurch.

Am andern Morgen, als der Jäger wieder in den Wald gegangen war, kroch der Junge unter dem Bette hervor, aß und trank mit der Prinzessin, und dann machte er sich auf den Weg nach dem Gehöft der Hexe, von dem der Jäger in der Nacht gesprochen hatte. Es dauerte auch gar nicht lange, so sah er den Zaun mit den Menschenköpfen vor sich. Als er an das Hoftor trat, kam ihm auch schon die Hexe entgegen und sprach zu ihm: »Was willst du hier?« – »Deine Fohlen hüten!«, antwortete der Junge. – »Gut, ich will dich annehmen«, sagte die Hexe, »und wenn du mit den Pferden jeden Abend hübsch pünktlich um acht Uhr nach Hause kommst, so darfst du dir nach drei Tagen das Pferd in meinem Stall aussuchen, das dir am besten gefällt. Das soll dein Lohn sein! Kommst du aber später heim, so schlage ich dir das Haupt ab und stecke es auf den Staketenzaun.« – »Das magst du tun«, erwiderte der Junge, »aber der Lohn ist mir nicht hoch genug. Ich verlange außer dem Pferd noch zwölf Lämmer obendrein.« – »Das habe ich früher getan«, antwortete die Hexe, »aber die Zeiten sind schlechter geworden, und die Pferdezucht wirft die zwölf Lämmer nicht ab.« – »Dann hüte ich gar nicht«, antwortete der Junge. Als die Hexe sah, dass er darauf bestand, brummte sie: »Meinetwegen, bekommen wird er sie ja ebenso wenig wie das Pferd«, dann sprach sie laut: »Die Sache ist abgemacht, du sollst auch die zwölf Lämmer erhalten, und morgen früh treibst du meine drei Fohlen auf die Wiese.«

Und so tat der Junge auch. Am frühen Morgen, ehe die Sonne aufging, schwang er sich dem stärksten Füllen auf den Rücken und ritt zur Wiese hinab, und es dauerte gerade eine halbe Stunde, bis er dort angelangt war. »Um halb acht musst du wieder aufbrechen«, dachte er bei sich, dann ließ er die Fohlen grasen und legte sich hinter einen Schlehenbusch, um die schönen Sachen zu verzehren, die ihm die alte Hexe in den Korb gepackt hatte. Da war Weißbrot und Braten und Wurst, aber das Beste von allem war eine halbe Flasche Branntwein. Als er die an die Lippen gesetzt hatte und der erste Schluck die Kehle hinabgelaufen war, da tat ihm der Trank so wohl, und er trank und trank, bis er den ganzen Branntwein ausgetrunken hatte. In den Branntwein hatte die alte Hexe einen Schlaftrunk gemischt, und so kam's, dass er in einen tiefen Schlaf verfiel.

Nachdem er endlich wieder aufgewacht war, rieb er sich die Augen und sah sich um. Ja, da war von den drei Fohlen nichts mehr zu sehen, sie waren auf und davon gegangen, und er klagte und jammerte und schlug mit der Hand vor den Kopf. Endlich fiel ihm der Wolf ein: »Wenn du in Not bist, sollst du die drei Haare zwischen den Fingern reiben, hat er dir gesagt!« und damit zog er die Wolfhaare aus der Tasche hervor und rieb sie zwischen den Fingern. Sogleich stand der Wolf neben ihm und sprach: »Was ist dir Junge, womit kann ich dir helfen?« – »Ach, mir sind meine Fohlen weggekommen«, jammerte der Junge, »und wenn du mir nicht hilfst, lieber Wolf, so schlägt mir die alte Hexe heute Abend den Kopf ab und steckt ihn auf den Staketenzaun.« – »Zehn Meilen sind die Fohlen schon gelaufen«, antwortete der Wolf, »darum setz dich schnell auf meinen Rücken, und wenn ich sie eingeholt habe und ihnen vorgekommen bin, so schlage mit den drei Zäumen, die du in der Hand hast, drei Kreuze vor ihnen, und sie müssen stehen bleiben, als wären sie angewachsen.« Da setzte er sich dem Wolf auf den Rücken, und der lief so schnell, dass dem Jungen die Haare nur so flogen. Es dauerte auch gar nicht lange, so hatte der Wolf den Fohlen einen Vorsprung abgewonnen. Der Junge schlug mit den Zäumen dreimal ein Kreuz, und sie konnten weder vorwärts noch rückwärts. »Nun reite mit ihnen nach Hause«, sprach der Wolf, »du wirst noch bei Zeiten heimkommen.« Das ließ sich der Junge nicht zweimal sagen, er schwang sich auf den Rücken des stärksten Füllens hinauf, und dann kehrte er mit ihnen im Trabe zur Wiese zurück und langte dort an, ehe die Glocke die siebente Stunde verkündet hatte. Dann ließ er die Tiere noch ein Weilchen abtrocknen und grasen, bis er sich um halb acht auf den Heimweg machte und zur rechten Zeit in das Gehöft zurückkehrte.

Die alte Hexe riss die Augen weit auf, als sie den Jungen mit den Fohlen zur rechten Zeit heimkehren sah. Aber sie bezwang sich und reichte ihm freundlich die Hand und sprach: »Du bist ein tüchtiger Hütejunge, du gefällst mir!« Dann führte sie ihn in die Stube und setzte ihm Speise und Trank vor, doch während er aß, lief sie in den Stall und bearbeitete die Fohlen mit dem Besenstiel. »Konntet ihr ihm denn nicht entlaufen, ihr ungehorsamen Tiere«, rief sie zornig. »Wir sind zehn Meilen gelaufen«, schrien die Füllen, »er kam uns aber auf einem Wolfe nachgeritten und hat uns wieder zurückgebracht.« – »Ein Wolf?«, sagte die Hexe verwundert. »Das ist etwas Anderes, da müssen wir schon ein stärkeres Mittel gebrauchen.«

Am anderen Morgen gab sie dem Jungen die Flasche, drei Viertel mit Branntwein gefüllt, mit auf den Weg. Der mundete ihm wieder so köstlich und tat ihm im Herzen so wohl, dass er ihn in einem Zuge leerte. Dann sank er um und schlief unter dem Schlehdornbusch ein und rückte und rührte sich nicht.

Als er endlich erwachte, merkte er wohl, dass die Mittagszeit schon vorüber sei, und von seinen Fohlen war wiederum nichts mehr zu sehen. Diesmal besann er sich aber nicht lange. »Gestern hat dir der Wolf geholfen, heute muss dich der Bär aus der Not retten.« Er rieb die Bärenhaare zwischen den Fingern, und schon stand der Bär vor ihm und sprach: »Was ist dir, mein Junge, und womit kann ich dir helfen?« »Hilf mir zu meinen Fohlen«, antwortete der Junge. – »Zwanzig Meilen sind sie schon gelaufen«, sprach der Bär, »aber setz dich geschwind auf meinen Rücken, dass wir sie einholen!« Da stieg der Junge dem Bären auf den Rücken, und der Bär lief, dass die Haare seines Reiters in der Luft sausten, und er hörte nicht eher auf, bis er den Fohlen einen Vorsprung abgewonnen hatte. Darauf schlug der Junge mit den drei Zäumen die Kreuze, und als sie stillstanden, schwang er sich auf sein Handpferd hinauf und ritt so schnell wie möglich zur Wiese zurück. Aber, so sehr er die Füllen auch laufen ließ, er konnte die Wiese nicht vor halb acht erreichen, so dass er stracks weiter reiten musste, um noch zur Zeit in den Hof der Hexe zu gelangen.

»Das nenn' ich mir einen Hirten«, sagte die Alte freundlich, und doch war sie inwendig Gift und Galle. »Jetzt komm nur hinein und verzehr dein Abendbrot.« Und als der Junge in der Stube saß und aß, lief sie wieder in den Stall hinab und hieb mit dem Besenstiel auf die Fohlen ein. »Wir können nichts dafür«, riefen die Fohlen und schrien vor Schmerz, »wir sind zwanzig Meilen gelaufen, da kam er uns nachgeritten auf einem Bären und hat uns wieder zurückgebracht.« – »Auf einem Bären?«, sagte die Hexe, »der Junge ist stärker wie ich. Aber warte nur, morgen sollst du mir nicht entkommen.«

Den andern Tag gab ihm die Hexe die ganze Flasche voll Branntwein mit auf den Weg, und der Junge bedankte sich noch bei der alten Hexe für das schöne Getränk. Und als er auf der Wiese angelangt war, trank er die ganze Flasche in einem Zuge aus und legte sich ins Gras und schlief fest ein und erwachte erst zu Nachmittagszeit wieder aus dem Schlaf. »Verflixt nochmal! Hilft mir heute der Löwe nicht, so bin ich gewiss verloren!«, rief er erschrocken, zog die drei Löwenhaare eilends aus der Tasche hervor und rieb sie zwischen den Fingern. Alsbald stand der Löwe vor ihm und sprach: »Nun rasch auf meinen Rücken hinauf, wir haben keine Zeit zu verlieren! Dreißig Meilen haben die Fohlen schon zurückgelegt«, und als der Junge sich auf ihn gesetzt hatte, lief er, wie der Sturmwind saust, und die Haare flogen und summten dem Jungen um den Kopf, und als die Sonne sich ihrem Untergang neigte, hatte der Löwe auch die Fohlen eingeholt und der Junge dieselben zum Stehen gebracht. »So, nun spare Sporn und Peitsche nicht und lass sie laufen, was sie nur können, dann kommst du noch auf den Hof«, rief der Löwe, und der Junge tat, wie ihm geheißen war, und spornte sein Pferd, dass ihm das Blut aus den Weichen floss, und hieb auf die anderen Fohlen mit der Peitsche ein, dass die Fetzen flogen, und langte ein Viertel vor acht auf der Wiese an. Da war an Ruhe und Rast nicht zu denken, er trieb die Füllen nur umso schärfer an, und als die Glocke acht schlug, war er im Torweg, und die Flügel des Tores, welche die Alte zuwarf, hätten ihm beinahe die Fersen abgeschlagen.

»Das war höchste Zeit!«, rief der Junge atemlos und trat in das Haus hinein, die Alte aber lief zu den Fohlen und schlug sie mit dem Besenstiel, dass es einen Stein erbarmen konnte. »Wir können nichts dafür, verschon uns«, baten die Fohlen, »wir sind dreißig Meilen gelaufen, er aber kam uns auf einem Löwen nachgejagt und hat uns in Eile wieder zurückgebracht.« Als die Hexe das hörte, ließ sie nach mit dem Schlagen und kehrte ärgerlich in die Stube zurück. Dafür ging jetzt der Junge in den Stall hinein, um sich ein Pferd auszusuchen, und der Hexe kleine Tochter begleitete ihn. In dem Stall standen viele Pferde, und eins war immer schöner wie das andere. Ganz hinten aber stand in einer besonderen Bucht ein hochbeiniger, magerer Schimmel. »Das ist meiner Mutter Reitpferd«, sagte das kleine Mädchen, »das läuft so schnell wie der Wind.«

Am andern Morgen sagte die Hexe: »Nun, Junge, welches Pferd willst du haben als Lohn für die Hütezeit?« – »Den Schimmel in der kleinen Bucht«, antwortete der Junge. »Ach, was willst du mit dem, der ist ja das Mitnehmen nicht wert! Sieh doch, wie mager und schmutzig er aussieht. Nein, mit dem Tier kann ich dich nicht ziehen lassen, die Leute würden über mich reden, wenn ich dir solch ein Pferd zum Lohne gäbe!« Der Junge blieb aber bei seinem Willen, und da musste sich die Hexe wohl oder übel fügen. Als er jedoch aus dem Stall getreten war, holte sie schnell einen Bohrer herbei und bohrte damit dem Schimmel Löcher durch alle vier Hufen. Darauf nahm sie ein Rohr und sog ihm alles Mark aus seinem Gebein und tat es in einen irdenen Topf. Dann nahm sie Mehl, mengte es mit dem Mark und buk einen Kuchen daraus. Den schob sie dem Jungen ins Vorderhemd, dass er unterwegs zu essen habe und nicht Hunger leide. Nachdem sie das getan hatte, holte sie zwölf Lämmer aus dem Stall hervor, band sie an den Hinterfüßen an einer Schnur auf und hing sie über den Schimmel. »Da hast du deinen Lohn«, sprach sie, und der Junge sagte ihr Lebewohl und ging neben dem Schimmel her zum Torweg hinaus. Auf das Pferd setzen mochte er sich nicht, denn es trat so steif auf und ließ sich so schwach an, als ob es bald sterben müsse. Auch wunderte ihn, dass es immer mit der Zunge nach seinem Vorderhemd leckte. »Was willst du denn dort, Schimmelchen?«, fragte der Junge mitleidig. Da hub der Schimmel an zu reden und sprach: »Ich lecke nach dem Kuchen; denn die alte Hexe hat mir mit einem Rohr alles Mark aus meinem Gebein durch die Hufen gesogen, hat es mit Mehl gemengt und in deinen Kuchen gebacken.« »Dann iss ihn nur«, sprach der Junge, »denn er steht dir von Rechts wegen zu.« Und als der Schimmel den Kuchen gegessen hatte, kam die alte Kraft wieder in sein Gebein, und der Junge schwang sich auf seinen Rücken, und er griff mächtig aus.

Es dauerte gar nicht lange, so kamen sie in den Wald, und wie sie ein wenig darin gewesen waren, stürzten die zwölf Wölfe, von denen der alte Jäger gesprochen, auf sie los. Rasch schnitt der Junge mit seinem scharfen Messer die Schnur entzwei, und die zwölf Lämmer fielen auf die Straße herab, und die zwölf Wölfe stürzten über sie her und erwürgten sie und fraßen sie auf. Als sie die Lämmer gefressen hatten, war der Schimmel aber schon weiter gekommen, als die Macht der Hexe reichte, und der Junge hatte ihn also mit heilem Leib vor den Wölfen in Sicherheit gebracht.

Nun machte er, dass er zu dem Jägerhäuschen kam. Dort ließ er den Schimmel am Türpfosten halten und lief hinein, holte die Prinzessin heraus und setzte sie vorne auf das Ross; dann schwang er sich selbst hinauf und ließ den Schimmel laufen, was er laufen wollte. Als er fort war, erhob der dreibeinige Schimmel wieder wie damals einen grausamen Lärm und ruhte nicht eher, als bis der alte Zauberer herbeigelaufen kam und fragte: »Warum schreist du so? Was ist denn geschehen?« – »Der Junge ist wieder hier gewesen und hat die Prinzessin geraubt«, antwortete der dreibeinige Schimmel. – »Sind sie schon weit?« – »Nein, weit sind sie noch nicht, wir werden sie schon einholen, setz dich nur auf meinen Rücken.« Da setzte sich der Zauberer auf des dreibeinigen Schimmels Rücken und ritt dem Jungen nach. »Schimmelchen lauf! Schimmelchen lauf!«, rief der Junge, als er den Zauberer erblickte. Aber der Schimmel lief nicht, sondern ging gemächlich weiter. Da war's denn kein Wunder, dass der alte Jäger sie einholte. »Räuber!«, rief er dem Jungen zu. »Hab ich's dir nicht gesagt: Du sollst es nicht noch einmal wagen, die Prinzessin zu stehlen. Nun soll dich mein Schimmel in den Erdboden stampfen.« Indem er das sagte, rief der vierbeinige Schimmel dem dreibeinigen zu: »Schwesterchen, wirf ihn ab!« Da warf der dreibeinige Schimmel den alten Hexenmeister auf die Erde, und der vierbeinige kam ihm zu Hilfe, und dann traten sie so lange mit ihren harten Hufen auf ihm herum, bis auch kein einziger Knochen unzermalmt war.

Als der Zauberer getötet war, setzte der Junge die Prinzessin auf den dreibeinigen Schimmel, er selbst blieb sitzen, wo er war, und sie ritten zusammen in das Königreich, wo der Vater der Prinzessin

König war. Da war einmal die Freude groß, als er seine einzige Tochter wiederhatte, und als er hörte, dass der Junge sie erlöst habe, gab er sie ihm sogleich zur Frau, und es wurde Hochzeit gefeiert in großer Pracht und Herrlichkeit. Der alte König starb bald darauf. Da wurde der arme Schweinejunge König an seiner statt, und er herrschte über seine Untertanen nach Recht und Gerechtigkeit.

Eines Tages ging er in den Stall hinab zu seinen beiden Schimmelchen. Da sprach der vierbeinige Schimmel zu ihm: »Mein Schwesterchen und ich haben dir geholfen, nun hilf du uns auch! Zieh dein Schwert und schlag uns das Haupt ab!« Antwortete der junge König: »Das werde ich bleiben lassen. Ich habe euch viel zu lieb, und so lohnt man seinen Freunden nicht!« – »Wenn du mir nicht gehorchen willst«, sprach der Schimmel, »so schaffen wir dir Unglück über Unglück auf den Hals.« Das wollte der junge König nun auch nicht haben, darum zog er das Schwert aus der Scheide und schlug damit den beiden Schimmeln die Köpfe ab. Kaum hatte er das getan, so standen ein stattlicher Prinz und eine wunderschöne Prinzessin vor ihm, die bedankten sich, dass er sie erlöst habe. Derselbe alte Jäger, der die junge Königin auf den hohen Baum verwünscht, hatte auch sie in Pferde verwandelt. Nun aber waren sie und ihr ganzes Reich von dem Zauber erlöst, und die ganzen großen Wälder, in denen der alte Jäger sein Wesen getrieben hatte, waren mit erlöst und jetzt Städte und Dörfer, Mühlen und Seen geworden, und der Prinz und die Prinzessin waren Herrscher über das ganze Land. Sie blieben noch eine Zeit lang bei ihrem Erlöser und seiner Frau, dann zogen sie in ihr eigenes Königsreich. Der junge König lebte aber mit seiner Frau glücklich und zufrieden sein Leben lang, und wenn sie nicht gestorben sind, so leben sie heute noch.

Märchen aus Deutschland

Die Frucht des hohen Baumes

Es war einmal ein König, auf dessen Hof war ein großer hoher Baum. Dieser König wollte nun wissen, was für eine Frucht der Baum hat. Er ließ im ganzen Reich ausrufen, dass er demjenigen, der hinaufsteigen und verkünden würde, was für eine Frucht der Baum habe, eine seiner Töchter geben würde.

Herzöge, Barone und Prinzen kamen daher, doch keiner konnte ihn ersteigen. Unmöglich schien es.

Nun war da auf dem Hof ein armer Junge, ein Zigeunerjunge, wie alle sagten, und der sagte seiner Mutter, ihm würde das schon gelingen, seine Mutter sollte zum König gehen und dem König sagen, er würde auf den Baum klettern.

Der König wollte es nicht glauben und ließ den Jungen vor sich rufen und sprach:

»Du wirst auch nicht hinaufklettern können! Und wenn du es nicht schaffst, lasse ich dir den Kopf abschlagen.«

Der Junge sagte, es sei ihm recht, er könne ihm den Kopf abschlagen, wenn er nicht hinaufklettern könne. Dann bat er den König um drei Tage Zeit, und in dieser Zeit ließ er sich vom Schmied mehrere Paare Eisenanker machen. Dann begann er hinaufzuklettern.

Der Junge stieg und stieg aufwärts, stieg drei Tage lang. Da fand er auf einmal ein Häuschen in der Seite des Baums. Er trat ein, und darinnen erblickte er eine sehr alte Frau: »Guten Abend, Großmutter!«

Die Frau sagte: »Gut, dass du mich Großmutter genannt hast, denn sonst hätte ich dich auf der Stelle getötet.« Dann fragte sie: »Was führt dich her, mein Sohn?«

»Ich muss wissen, was für eine Frucht dieser hohe Baum hat. Liebe Großmutter, kannst du mir nicht sagen, was für eine Frucht dieser Baum hat?«

»Ich weiß es nicht. Doch warte, bis mein Sohn heimkehrt; er wird es dir schon sagen, denn er bläst in jedes kleine Loch und muss das auch wissen. Ich bin die Mutter des Windes.«

Abends, als ihr Sohn heimkam, witterte er sogleich etwas, Menschenduft. »Ich wittere Menschenduft. Wer ist hier, und was führt ihn her?«, fragte er seine Mutter.

»Hier, dieser Junge ist zu uns gekommen. Er ist ein guter Mensch und muss wissen, was für eine Frucht dieser Baum hat.«

Da sprach der Wind: »Und ob ich gleich in jedes Loch blase, so hab ich doch nirgends erfahren, was dieser Baum für Früchte trägt.«

Da wurde der Junge traurig und zog weiter.

Mittlerweile hatte er schon ein Paar Eisenanker abgewetzt, er warf die alten hinunter und nahm das nächste Paar. Wiederum stieg er drei Tage, immer weiter hinauf, da fand er wiederum ein Haus in der Baumseite. Er trat auch da ein und wieder sah er eine alte Frau: »Guten Abend, Großmutter!«

Die antwortete ihm auch wie die andere Frau und fragte: »Was führt dich her?«

Der Junge erzählte, dass er die Frucht jenes Baumes suche. Die Frau sagte: »Ich kann es dir wahrlich nicht sagen, aber warte, mein Sohn kommt heim; er wird es dir schon sagen. Ich bin die Mutter des Mondes.«

Die Frau gab dem Jungen zu essen, denn er war sehr hungrig, und ließ ihn sich schlafen legen.

In der Zwischenzeit kam der Sohn der alten Frau, der Mond. Auch er wollte sogleich wissen, wer gekommen sei und was ihn hierherführe. Und als seine Mutter es ihm gesagt hatte, sagte der Mond: »Wahrlich, ich gucke überall hinein, doch was für Früchte dieser Baum hat, das weiß ich nicht.«

Frühmorgens erwachte der Bursche und fragte die alte Frau: »Hat euer Sohn gesagt, was für eine Frucht der Baum hat?«

Als er hörte, dass es auch der Mond nicht wusste, machte der Junge sich weiter auf den Weg. Er holte das nächste Paar Eisenanker hervor und warf das alte, abgenutzte Paar hinunter. Auf der Erde erhaschten des Königs Diener das und zeigten es dem König. Der König meinte, der Junge sei ja schon ordentlich hoch oben. Aber auch wenn er herausfände, welche Frucht der Baum habe, seine Tochter würde er ihm niemals geben, nicht so einem armen Zigeunerjungen!

Der Junge stieg unterdessen weiter nach oben; nach drei Tagen langte er wiederum bei einem Hause an. Dort fand er auch eine alte Frau, das war die Mutter der Sonne. Es war aber wie vorher auch, auch die Sonne wusste nicht, was für Früchte der Baum hatte.

So stieg der Junge immer weiter hinauf. Er stieg und stieg, stieg sieben Tage. Am Abend des siebenten Tages kam er hinauf in den Himmel. Dort beim Himmelstor fand er einen sehr alten Mann. Dieser alte Mann fragte ihn: »Nicht wahr, du bist müde?« – »Ja freilich, ich bin müde.« – »Nun«, sagte der alte Mann, »wenn du müde bist, setz dich auf meinen Platz, bis ich zurückkomme.«

Der Junge setzte sich. Er wartete eine Stunde, zwei, drei, doch der alte Mann kam nicht zurück. Da wollte er aufstehen, doch er konnte nicht, es war, als ob er auf dem Sessel angeklebt gewesen wäre.

Da kam ein schönes Mädchen zu ihm und fragte: »Würdest du dich wohl als Kutscher bei Fee Ilona verdingen?«

Er antwortete: »Aber gewiss, nur kann ich von hier nicht aufstehen.«

»Du wirst gleich von da aufstehen, ich schicke gleich den alten Mann zurück, der hier gewesen ist.«

Flugs ging sie zu Fee Ilona und berichtete, dass der alte Mann nicht an seinem Platz wäre und einen anderen an seinen Platz gelassen hätte, der aber würde als Kutscher auch arbeiten, doch er könne nicht aufstehen. Da sagte Fee Ilona zu ihrem Läufer: »Lauf geschwind und hole den alten Mann zurück!«

Der Läufer lief, lief einen ganzen Tag, holte ihn aber nicht ein. Er lief wiederum einen Tag, und gegen Abend holte er ihn ein. Da packte er ihn beim Schlafittchen und prügelte ihn tüchtig durch und setzte sich den Alten auf den Rücken und trug ihn geradewegs zurück zu dem Platz vor dem Tor, auf dem noch immer der Junge saß. Da konnte der Junge aufstehen und der Läufer setzte den Alten aufs Neue auf seinen Platz zurück.

Jetzt ging der Junge zu Fee Ilona, um bei ihr als Kutscher zu dienen. Zwei goldhaarige Reitpferde hatte Fee Ilona. Sie sagte zu dem Jungen: »Wenn du bei mir als Kutscher eintreten willst, so bade in diesem Bottich.«

Der Junge zögerte nicht lange. Er legte sein Gewand ab und sprang in den Bottich. Eine halbe Stunde badete er, dann befahl ihm Fee Ilona herauszusteigen. Und als er herausgestiegen war, da war er ein so schöner Jüngling geworden, dass seinesgleichen auf Erden nicht zu finden war. Nun kleidete er sich an und wurde von dem Mädchen in den Stall geführt. Dort waren die zwei goldhaarigen Reitpferde, und das Mädchen sagte ihm: »Hier in diesem Zimmer ist goldener Hafer, und gib den Pferden jeden Tag einmal einen Scheffel.« Dann verschwand sie.

Drei Tage lang diente er und gab den goldhaarigen Reitpferden vom goldenen Hafer. Da kam das Mädchen wieder und sagte zu ihm: »Wer Fee Ilona in allem nachahmen kann, den nimmt sie zum Gemahl.« Als der Jüngling das hörte, freute er sich und sagte ohne zu zögern: »Führe mich nur hinein zu Fee Ilona; ich werde sie so nachahmen, wie wenn sie es selbst wäre.«

Das Mädchen führte ihn zu Fee Ilona. Es wurde Abend. Fee Ilona hatte ein zweites Bett in ihr Zimmer stellen lassen, ein bisschen abseits von ihrem eigenen. Dann begann sie sich auszukleiden. Als sie sich entkleidete, hatte sie sechzehn Gewänder an, und eins nach dem anderen zog sie aus. Der Jüngling hatte jedoch nur eine Hose. Da zerschlitzte er seine Hose in sechzehn Stücke und legte sie sorgsam auf einen Stuhl, wie Fee Ilona es mit ihren Gewändern machte. Dann setzte er seine Hose wieder zusammen, und wollte sie nähen, doch die Hose hielt von selbst zusammen, und er legte ein Stück nach dem andern an. Fee Ilona verwunderte sich sehr darüber.

Dann gingen sie sich waschen. Zwei Waschschüsseln waren schon aufgestellt. Fee Ilona wusch sich in sechzehn Wasser. Der Jüngling machte es ebenso. Er hatte zwar keine sechzehn Seifen wie Fee Ilona, doch die eine Seife, die er hatte, brach er in sechzehn Stücke und wusch sich so.

Nun ging Fee Ilona sich kämmen, und der Jüngling ging hinter ihr her. Zwei Spiegel waren aufgestellt und mit Kamm und allem versehen, und sie begannen, sich zu kämmen. Wenn Fee Ilona einmal den Kamm durch das Haar zog, dann tat's der Jüngling auch. So zog Fee Ilona sechzehnmal, und er auch sechzehnmal. Der Jüngling hatte auch langes Haar, und als sie sich gekämmt hatten, da wurde sein Gesicht gerade so wie Fee Ilonas Antlitz.

Als Fee Ilona ihn erblickte, wusste sie sich vor Freude nicht zu lassen. Sie rief ihn gleich zu sich und umarmte und küsste ihn. Dann hielten sie eine große Hochzeit.

Eines Tages schickte Fee Ilona ihren Mann auf die Jagd. Doch ehe sie ihn fortschickte, gab sie ihm einen Spiegel und sprach zu ihm: »Wenn du sehen willst, was ich mache, schau nur in den Spiegel, und du siehst es.«

Dann nahmen sie Abschied voneinander, und er zog auf die Jagd. Wie er ein Stück gegangen war, da sah er den Läufer vor sich, der rannte. Der Läufer rief ihm zu, Fee Ilona habe gesagt, er sollte keinem Wild etwas zu leide tun, nur zwei Hasen schießen. Dann ging er weiter, und als er eine halbe Stunde gegangen war, da sah er einen Wald, dessen Bäume waren aus eitel Gold, und er sah ein Rudel Tiere laufen, die hatten alle goldene Felle, doch er sah keinen Hasen. Wiederum ging er tiefer hinein, er sah wiederum ein Rudel Wild; unter diesen war auch nur ein Hase. Flugs zielte er auf ihn und schoss ihn nieder.

Er ging noch tiefer in den Wald hinein, um noch einen Hasen zu schießen. Er erblickte weit und breit kein Tier, und er verirrte sich. Jetzt wusste er nicht, wohin er gehen sollte. Er sann nach und nahm den Spiegel vor und schaute hinein. Da sah er Fee Ilona, wie sie mit der Hand wies, er sollte rechts gehen. Er ging auch rechts, vier Stunden lang, rastete nicht. Plötzlich kamen viele Hasen in Sicht. Doch was sollte er jetzt machen? Weil er kein sehr guter Schütze war, fürchtete er, zwei niederzuschießen. Er wartete eine Weile, doch es waren immer viele Hasen vor ihm. Da wurde er ärgerlich und schoss zwischen sie, und da sah er drei Hasen fallen.

Es reute ihn fürwahr, dass er seiner Frau nicht hatte Wort halten können, aber er machte sich dennoch auf den Heimweg. Und wie er heimwärts ging, trat vor ihm ein großer, großer, langer Mann auf den Weg: »Schämst du dich nicht, dass du meine zwei Hasen geschossen hast?«

Denn zwei von den dreien, die er zuletzt geschossen hatte, gehörten dem großen Mann. Und der sagte jetzt zu ihm: »Komm, wir wollen ringen.«

Da erschrak der Jüngling sehr, er nahm seinen Pfeil und zielte auf den Mann. Der Mann nahm auch seinen Pfeil, wollte zielen, doch da war er auch schon niedergeschossen.

Der Jüngling kam heim und Fee Ilona sah, dass er vier Hasen geschossen hatte. Sie erschrak: »Wehe, warum hast du jene andern zwei geschossen! Wenn ihr Herr das erfährt, tötet er dich gleich.« Da sagte der Jüngling: »Sorge dich nicht darum; ich habe die Sache mit ihm schon erledigt.«

Der Jüngling sagte nun zu Fee Ilona: »Ich will dich etwas fragen, wenn du es mir sagen willst.« »Wie sollte ich es dir nicht sagen; wir haben doch keine Geheimnisse voreinander.«

»So sage mir, was für eine Frucht hat dieser Baum?«

Da sagte die Fee Ilona: »Nur das wolltest du mich fragen? Also warum sollte ich das denn nicht sagen? Ich werde dir auch davon zu essen geben, soviel du nur willst.«

Dann rief sie flugs einen Diener und sagte, er sollte zehn jener Früchte bringen. Der Diener stieg auf den Baum, der hatte dreierlei Früchte: goldene Äpfel, goldene Pflaumen, goldene Birnen. Von denen brachte er Fee Ilona. Fee Ilona gab sie ihrem Mann.

Da sagte der Jüngling: »Ich hätte eine kleine Angelegenheit auf der Erde zu erledigen.« Und da sagte Fee Ilona: »Wenn du hinuntergehen willst, kannst du jetzt gleich gehen.«

Schnell befahl sie, eine Schaukel zu machen, die ganz bis zu Erde reichte, und sie setzte ihren Mann in die Schaukel. Kaum hatte ihr Mann sich's nur gedacht, da war er schon unten auf der Erde. Die Früchte waren in seiner Tasche, und damit stand er nun just neben dem Baum.

Er ging zum König hinein und zeigte ihm die Früchte.

Der König hatte ihm vorher die Tochter nicht geben wollen. Doch als er nun sah, wie schön der Jüngling war, da gab er sie ihm. Doch das Mädchen wollte nicht gehen. Sie dachte bei sich, er würde wieder so hässlich werden, arm und zerlumpt, wie er hinaufgeklettert war. Der Jüngling packte das Mädchen beim Ohr und führte sie zu seiner Mutter. Dann lud er seine Mutter ein und sagte, sie sollte mit ihm kommen. Sie gingen zum Baum, der Jüngling dachte nur daran, da war die Schaukel schon unten. Er setzte seine Mutter und die Königstochter hinein, und er selbst hängte sich auch an die Schaukel. Wieder dachte er es nur, und schon waren sie oben. Da sprach er zu der Königstochter: »Du wolltest mich nicht lieben, drum liebe ich dich auch nicht.«

Und er packte sie und schleuderte sie auf die Erde hinunter. Das Mädchen fiel drei Tage lang, und am dritten Tag fiel sie auf die Erde nieder. All ihre Glieder wurden zerschmettert, und der eine Diener des Königs fand ihren Kopf. Nur der Kopf war unversehrt geblieben. Und er ging gleich zum König und zeigte ihn ihm. Der König wurde sehr traurig und dachte bei sich: »O weh, warum habe ich meine Tochter nicht gutwillig hergegeben!«

Da stand plötzlich der Jüngling neben dem König und fragte ihn: »Würdest du mir jetzt deine Tochter gutwillig geben?«

Der König sprach: »Ich würde dir nicht nur gutwillig meine Tochter geben, sondern auch noch mein halbes Königreich würde ich dir geben, wenn das Mädchen wieder lebendig würde.«

Da ging der Jüngling heim und erzählte alles. Seine Mutter sprach: »'Schau, ich gebe dir eine Schachtel. In der Schachtel ist ein Pulver, wenn du damit das Antlitz jenes Hauptes bestreichst, wächst gleich der ganze Leib.« Der Jüngling ging geschwind zum König und bat um des Mädchens Haupt, und als er es hatte, bestrich er es mit dem Pulver. Da wuchs gleich des Mädchens Körper an, und sie war wieder lebendig und begann zu sprechen.

Der König hätte ihm jetzt gern seine Tochter gegeben, doch der Jüngling wollte sie nicht: »Lebe glücklich zusammen mit deiner Tochter, denn ich habe schon eine Frau.«

Als er wieder zu dem Baum kam und an die Schaukel dachte, da war die Schaukel schon dort. Und er setzte sich hinein, und da war er gleich im Himmel.

Fee Ilona empfing ihn voller Freude, und auch seine Mutter war da, und sie lebten alle glücklich miteinander. Er ließ seiner Mutter ein schönes Schloss bauen und sprach: »Wenn du mich zu sehen begehrst, dann schicke diesen Diener, und ich werde zusammen mit meiner Gemahlin kommen.«

Und wieder feierten sie ein großes Fest, weil sie so glücklich waren, der Jüngling und seine Fee Ilona. Und wer weiß, wenn sie nicht gestorben sind, feiern sie vielleicht bis heute.

Märchen aus Ungarn

Der Wunderbaum zum Himmel

Es war einmal ein Bauer, der hatte drei Söhne. Einer von ihnen wurde aber von allen nur der dumme Hansl genannt. Alles, was er unternahm, missglückte ihm, und alles, was er ergriff, fiel zur Erde. Sein Vater meinte, er könne ihn durch Prügel gescheit machen, doch es half nichts.

Eines Tages wuchs in dem Ort auf einmal ein seltener Baum aus der Erde hervor, ohne dass jemand einen Samen gelegt hatte. Er wuchs und wuchs so rasch, dass er nach wenigen Tagen schon so hoch wie ein Turm war, und nach einigen Wochen verlor sich der Gipfel in den Wolken. Die Dorfbewohner hätten nun gar zu gerne gewusst, wohin man kommen würde, wenn man an dem Baume emporklettern würde, aber keiner wollte es wagen.

Die Kunde von dem Baum drang weit und breit, und schließlich hörte auch die Königstochter davon. Nun wollte sie unbedingt eine Frucht des Baumes haben. Man versprach dem eine gute Belohnung, der es wagen würde, hinaufzuklettern. Da meldeten sich viele, aber keinem gelang es, denn nach zwei oder drei Tagen fiel jeder wieder herab. Jeder nahm sich mehrere Paar hölzerner Schuhe mit, von denen er von Zeit zu Zeit einen herunterwerfen sollte, um ein Zeichen von sich zu geben. Einige kamen gar nicht mehr, und warfen auch ihre Schuhe nicht herab: Es musste ihnen etwas zugestoßen sein. Das nahm allen den Mut. Auch die zwei Brüder des Hansl unternahmen das Wagstück, aber es ging ihnen so wie allen andern.

Nun meldete sich auch Hansl. Er nahm zwölf Paar hölzerne Schuhe, Lebensmittel und eine bleierne Hacke mit. Dass ihn alle auslachten, kümmerte ihn nicht. Er begann, den Baum hinaufzusteigen. Die Leute warteten einen Tag und glaubten, Hansl werde schon wieder herabkommen. Aber wie staunten sie, als sie bloß seine Schuhe herabfallen sahen, die ganz durchlöchert waren. Ebenso ging's die folgenden Tage, und da die Schuhe immer gewaltiger herabfielen, da konnte man daraus schließen, dass Hansl immer höher kam.

Doch jetzt muss ich euch doch auch erzählen, wie es dem Hansl ergangen ist. Einige Tage war er schon hinaufgeklettert. Da sah er eines Abends im Baum eine Höhle, in der schimmerte ein Licht. Er trat ein, und da war da eine hässliche Alte. Die Alte nahm ihn freundlich auf, gab ihm gut zu essen und zeigte ihm sein Schlaflager. Hansl fragte sie, wie weit es noch bis zum Gipfel sei. Die Alte sagte: »Mein Lieber, da hast du es noch weit. Ich bin erst der Montag. Du musst noch zum Dienstag, Mittwoch und so weiter. Wenn du dann über den Samstag drüber hinaus bist, wirst du schon sehen, wo du hingekommen bist.«

Am nächsten Tag machte sich Hansl wieder auf den Weg. Nachdem er wieder mehrere Tage geklettert war, gelangte er zu einer zweiten Höhle. In der Höhle war eine Hexe, die war noch viel hässlicher als der Montag und sie nannte sich Dienstag. Vor dieser fürchtete sich Hansl zuerst. Aber auch sie war freundlich und gab ihm ein gutes Nachtessen und ein bequemes Nachtlager. Als Hansl am nächsten Tag weitergehen wollte, warnte sie ihn, beim Mittwoch nicht einzukehren, denn das sei ein hässlicher Mann, der kein Menschenfleisch sehen könne. Hansl befolgte den Rat und kam glücklich beim Mittwoch vorbei. Die nächsten Höhlen, zu denen er kam, wurden vom Donnerstag, Freitag und Samstag bewohnt. Es waren alles lauter alte Weiber, eine hässlicher als die andere, alle bucklicht, mit zerrauften Haaren und einer großen Nase.

Als Hansl über den Samstag hinaus war, da hatte er keine Schuhe mehr. Auch seine Hacke, mit der er sich immer festhielt, war schon stumpf. Und da hatte er auch keine Lust zum Klettern mehr. Aber umkehren wollte er nicht, da er schon so weit gekommen war, und so blieb ihm nichts anderes übrig, als weiterzuklettern.

Da kam er an eine steinerne Wand, in die der Stamm des Baumes verwachsen war. Er bemerkte eine kleine Tür. Er öffnete die Tür und kam auf eine große Wiese. Da sank er erschöpft zusammen. Als er sich wieder erholt hatte, sah er vor sich eine Stadt liegen, die war ganz von Gold und so voller Licht, dass Hansl kaum hinschauen konnte. Neben ihm lag seine Hacke, doch sie hatte keinen hölzernen, sondern einen goldenen Stiel. Auch an dem Wipfel des Baumes, an dem er heraufgeklettert war, sah er nun lauter goldene Früchte. Goldene Tiere sprangen auf der Wiese umher, mit einem Worte, alles war von Gold.

Hansl glaubte, er sei im Himmel. Manche erzählen auch, er sei dortgeblieben. Andere aber erzählen, er sei wieder auf die Erde gekommen und habe alles erzählt, was er erlebt und gesehen hat.

Märchen aus Nieder-Österreich

Der Wunderbaum

Ein Hirtenknabe erblickte eines Tages, als er die Schafe weidete, auf dem Felde einen Baum, der war so schön und groß, dass er lange Zeit voll Verwunderung dastand und ihn ansah. Aber die Lust trieb ihn hinzugehen und hinaufzusteigen. Das wurde ihm auch sehr leicht, denn an dem Baume standen die Zweige hervor wie Sprossen an einer Leiter. Er zog seine Schuhe aus und stieg und stieg in einem fort neun Tage lang. Siehe, da kam er auf einmal in ein weites Feld, da waren viele Paläste von lauter Kupfer und hinter den Palästen war ein großer Wald mit kupfernen Bäumen und auf dem höchsten Baume saß ein kupferner Hahn. Unter dem Baume war eine Quelle von flüssigem Kupfer, die sprudelte immerfort und das war das einzige Getöse, sonst schien alles wie tot und niemand war zu sehen und nichts regte und rührte sich.

Als der Knabe alles gesehen hatte, brach er sich ein Zweiglein von einem Baum, und weil seine Füße vom langen Steigen müde waren, wollte er sie in der Quelle erfrischen. Er tauchte sie ein und wie er sie herauszog, so waren sie mit blankem Kupfer überzogen. Er kehrte schnell zurück zum großen Baum, der reichte aber noch hoch in die Wolken und kein Ende war zu sehen. »Da oben muss es noch schöner sein!«, dachte er und stieg nun abermals neun Tage aufwärts, ohne dass er müde wurde.

Siehe, da kam er in ein offenes Feld, da waren auch viele Paläste, aber von lauter Silber und hinter den Palästen war ein großer Wald mit silbernen Bäumen und auf dem höchsten Baum saß ein silberner Hahn. Unter dem Baum war eine Quelle mit flüssigem Silber, die sprudelte immerfort und das war das einzige Getöse, sonst lag alles wie tot und niemand war zu sehen und nichts regte und rührte sich. Als aber der Knabe alles gesehen hatte, brach er sich ein Zweiglein von einem Baum und wollte sich in der Quelle die Hände waschen. Wie er sie aber herauszog, waren sie mit blinkendem Silber überzogen. Er kehrte schnell zurück zum großen Baum, der reichte noch immer hoch in die Wolken, und es war noch kein Ende zu sehen. »Da oben muss es noch schöner sein!«, dachte er und stieg abermals neun Tage aufwärts.

Siehe, da war er im Wipfel des Baumes und es öffnete sich ein weites Feld, darauf standen lauter goldne Paläste und hinter den Palästen war ein großer Wald mit goldnen Bäumen und auf dem höchsten Baum saß ein goldner Hahn. Unter dem Baum war eine Quelle mit flüssigem Golde, die sprudelte immerfort und das war das einzige Getöse, sonst lag alles wie tot und niemand war zu sehen und nichts regte und rührte sich. Als der Knabe alles gesehen hatte, brach er sich ein Zweiglein von einem Baum, nahm seinen Hut ab, bückte sich über die Quelle und ließ seine Haare ins sprudelnde Gold hineinfallen. Als er sie aber herauszog, waren sie übergoldet. Er setzte seinen Hut auf, und weil er alles gesehen hatte, kehrte er zurück zum großen Baum und stieg nun in einem fort wieder hinunter und wurde gar nicht müde.

Als er auf der Erde angelangt war, zog er seine Schuhe an und suchte seine Schafe, doch er sah von ihnen keine Spur. In weiter Ferne aber erblickte er eine große Stadt. Jetzt merkte er, dass er in einem andern Lande war. Was war zu tun? Er entschloss sich, hineinzugehen und sich dort einen Dienst zu suchen. Zuvor jedoch versteckte er die drei Zweiglein in seinem Mantel, und aus dem Zipfel desselben machte er sich Handschuhe, um seine silbrigen Hände zu verbergen. Als er in der Stadt ankam, suchte der Koch des Königs gerade einen Küchenjungen und konnte keinen finden. Da kam ihm der Knabe zu Gesicht. Er fragte ihn, ob er um guten Lohn Dienste bei ihm nehmen wolle? Der Junge war's zufrieden unter einer Bedingung: Er solle den Hut, den Mantel, die Handschuhe und die Stiefel nie ablegen müssen, denn er habe einen bösen Grind und müsste sich schämen. Das war dem Koch doch nicht ganz recht, aber weil er sonst niemanden bekommen konnte, musste er einwilligen. Er dachte bei sich: »Du kannst ihn ja immer nur in der Küche verwenden, dass ihn niemand sieht.«

Das währte so eine Zeit lang. Der Junge war sehr fleißig und tat alles, was ihm der Koch auftrug, so pünktlich, dass ihn dieser sehr lieb gewann. Da geschah es, dass wieder einmal Ritter und Grafen erschienen waren, die es unternehmen wollten, auf den Glasberg zu steigen, um der schönen Tochter des Königs, die oben saß, die Hand zu reichen und sie dadurch zu erwerben. Viele hatten es bisher vergebens versucht: Sie waren alle noch weit vor dem Ziele ausgeglitscht und hatten sich zum Teil den Hals gebrochen. Der Küchenjunge bat den Koch, dass er ihm erlauben möchte, von Ferne zuzusehen. Der Koch wollte es ihm nicht abschlagen, weil er so treu und fleißig war, und sagte nur: »Du sollst dich aber versteckt halten, dass man dich nicht sieht!« Das versprach der Junge und eilte in die Nähe des Glasbergs. Da standen schon die Ritter und Grafen in voller Rüstung mit Eisenschuhen, und sie fingen bald an, der Reihe nach hinaufzusteigen. Doch keiner gelangte auch nur bis zur Mitte, sie stürzten alle herab und manche blieben tot liegen.

Da dachte der Knabe bei sich, wie wäre es, wenn du es auch versuchtest. Er legte sogleich Hut und Mantel und Handschuhe ab, zog seine Stiefel aus und nahm den kupfernen Zweig in die Hand, und ehe ihn jemand bemerkt hatte, war er durch die Menge gedrungen und stand am Berge. Die Ritter und Grafen wichen zurück und sahen und staunten. Der Knabe aber schritt sogleich den Berg hinan ohne Furcht, und das Glas gab unter seinen Füßen nach wie Wachs und ließ ihn nicht ausgleiten. Als er nun oben war, reichte er der Königstochter demütig das kupferne Zweiglein, kehrte drauf sogleich um, stieg fest und sicher hinab, und ehe sich's die Menge versah, war er verschwunden. Er eilte in sein Versteck, legte seine Sachen an und war schnell in der Küche. Bald kam auch der Koch und erzählte seinem Jungen die Wunderdinge von dem schönen Jüngling mit den kupfernen Füßen, den silbernen Händen und den goldnen Haaren und wie er den Glasberg erstiegen und ein kupfernes Zweiglein der Königstochter gereicht habe und wie er dann wieder verschwunden sei. Dann fragte er den Jungen, ob er das auch gesehen habe? Der Junge sagte: »Nein, das habe ich nicht gesehen, das war ich ja selbst!« Aber der Koch lachte über den dummen Einfall und erwiderte im Scherz: »Na, da müsste ich dann auch ein großer Herr werden!«

Am andern Tage wollten es mehrere Ritter und Grafen wieder versuchen und versammelten sich vor dem Glasberg. Der Junge bat den Koch abermals, er möchte ihm erlauben, aus der Ferne zuzusehen. Der Koch konnte es ihm nicht abschlagen und sagte nur: »Du sollst dich aber versteckt halten, dass niemand dich sieht!« Das versprach der Junge und eilte an seinen gestrigen Platz. Die Ritter fingen an, hinaufzusteigen, aber vergebens: Sie stürzten alle herab und mehrere blieben tot. Der Junge zögerte nicht länger und versuchte es zum zweiten Mal. Er hatte schnell seine Kleider abgelegt. Er nahm das silberne Zweiglein und schritt, ehe man merken konnte, woher er kam, durch die Menge, und alles wich vor ihm zurück und er ging ruhig und sicher den Glasberg hinan, und das Glas gab nach wie Wachs und zeigte die Spuren. Wie er oben war, überreichte er demütig der Königstochter das Zweiglein. Gerne hätte sie auch seine Hand gefasst, aber er kehrte gleich um und schritt hinab und war in der Menge auf einmal verschwunden. Er warf seine Kleider um und eilte nach Hause. Bald kam auch der Koch und erzählte wieder von den Wunderdingen, von dem schönen Jüngling mit den kupfernen Füßen, den silbernen Händen, den goldenen Haaren und wie er hinangestiegen, der Königstochter ein silbernes Zweiglein gereicht, wie er herabgekommen und verschwunden sei. Er fragte seinen Jungen, ob er das nicht gesehen hatte? Der Junge sagte: »Nein, das habe ich nicht gesehen, das war ich selbst!« Der Koch lachte wieder recht herzlich und sagte im Scherz: »Da müsste ich auch ein großer Herr werden!«

Am dritten Tage wollten einige Ritter und Grafen es noch einmal versuchen und versammelten sich vor dem Glasberg. Der Junge bat den Koch wieder, er mochte ihm erlauben, aus der Ferne zuzusehen. Der Koch wollte es ihm nicht abschlagen und sagte nur: »Du sollst dich aber versteckt halten, dass niemand dich sieht!« Das versprach der Junge und eilte sogleich an seinen Platz. Die Ritter und Grafen versuchten es, aber umsonst: Sie stürzten alle herab und mehrere blieben tot liegen. Der Knabe dachte: »Noch einmal willst du es auch versuchen.« Er warf seine Kleider von sich, nahm das goldene Zweiglein und eilte, noch ehe man es merken konnte, woher er kam, durch die Menge bis zum Glasberg. Alles wich vor ihm zurück. Da schritt er fest und sicher hinan, und das Glas gab nach wie Wachs und zeigte die Spuren, und als er oben war, überreichte er demütig das Goldzweiglein der Königstochter und bot ihr die rechte Hand. Sie ergriff sie mit Freuden und wäre gern mit ihm den Berg hinabgestiegen. Der Junge aber machte sich frei und stieg allein hinunter und war wieder schnell unter der Menge verschwunden. Er legte seine Kleider an und eilte zurück an seinen Platz in die Küche. Als der Koch nach Hause kam, erzählte er von den Wunderdingen, von dem schönen Jungen mit den kupfernen Füßen, den silbernen Händen, den goldnen Haaren und wie er zum dritten Mal den Glasberg erstiegen, der Königstochter ein goldnes Zweiglein gereicht und ihr die Hand geboten habe, wie er aber allein wieder herabgestiegen und unter der Menge verschwunden sei. Er fragte ihn, ob er das nicht gesehen hätte? Der Junge sagte wieder: »Nein, das habe ich nicht gesehen, das war ich selbst!« Der Koch lachte wieder über den dummen Einfall und sprach: »Da müsste ich auch ein großer Herr werden!«

Der König aber und die Königstochter waren sehr traurig, dass der schöne Junge nicht erscheinen wollte. Da ließ der König ein Gebot ausgehen, dass alle jungen Burschen aus seinem Reiche barfüßig und bloßhäuptig und ohne Handschuhe vor dem König der Reihe nach vorübergehen und sich zeigen sollten. Sie kamen und gingen, aber der rechte, nach dem man suchte, war nicht unter ihnen. Der König ließ darauf fragen, ob sonst kein Junge mehr im Reich wäre? Der Koch ging sofort zum König und sprach: »Herr, ich habe noch einen Küchenjungen bei mir, der mir treu und redlich dient. Der ist es aber gewiss nicht, nach dem ihr sucht, denn der hat einen bösen Grind und er trat nur unter der Bedingung zu mir in den Dienst, dass er Handschuhe, Mantel, Hut und Stiefel nie ablegen dürfe.« Der König aber wollte sich überzeugen und die Königstochter freute sich im Stillen und dachte: »Ja, der könnte es sein!« Der Koch musste dableiben. Ein Diener brachte den Küchenjungen herein, der sah aber ganz schmutzig aus. Der König fragte: »Bist du es, der dreimal den Glasberg erstiegen hat?« »Ja, das bin ich!«, sprach der Junge. »Und ich habe es auch meinem Herrn immer gesagt!« Der Koch fühlte bei diesen Worten den Boden nicht unter seinen Füßen, und die Rede blieb ihm eine Zeit lang stehen. Endlich sagte er: »Aber wie kannst du hier so reden?« Der König achtete indes nicht darauf, sondern sprach gleich zum Jungen: »Wohlan, entblöße dein Haupt, deine Hände und Füße!« Alsbald warf der Junge seine Kleider ab und stand da in voller Schönheit und reichte der Jungfrau die Hand, und sie drückte sie und war über die Maßen froh.

Es wurde die Hochzeit gefeiert und nicht lange darauf übergab der König das Reich dem Jungen. »Glaubst du nun, dass ich es war, der dreimal den Glasberg erstiegen hat?«, sprach der Junge zum Koch. »Was sollt' ich denn glauben, wenn ich das nicht glaubte!«, sprach der Koch und bat um Verzeihung. »Nun, so sollst du auch ein großer Herr werden, wie du hofftest und über alle Köche im Reich die Aufsicht führen!«

Die junge Königin aber hätte gar zu gerne gewusst, woher ihr Gemahl die drei Zweiglein und die kupfernen Füße, die silbernen Hände und das goldige Haar habe. »Das will ich dir gerne sagen!«, sprach der junge König. »Du sollst auch selbst sehen, wie das zugegangen ist!« Er wollte mit ihr noch einmal auf den Wunderbaum steigen und ihr die Herrlichkeit zeigen. Aber als er an die Stätte kam, so war der Baum verschwunden und kein Mensch hat weiter davon etwas gehört und gesehen.

Märchen aus Siebenbürgen

Von der Herkunft der Bäume und ihren Eigenschaften

Warum die Bäume nicht mehr reden

Von alters her konnten die Bäume reden. Jetzt haben sie zwar auch eine Seele, was man daran erkennt, dass sie wachsen, Blüten und Früchte bringen, wozu ein abgehauener Baum nicht mehr imstande ist; die Sprache aber ist ihnen genommen. Und das ist so zugegangen:

Ein Bauer ging in den Wald, um Holz zu hauen. Der erste Baum, den er abhieb, war eine Tanne, aber aus ihrem Innern scholl ihm eine Stimme entgegen: »Hau mich nicht! Siehst du nicht, wie zähe Tränen aus meinem Fleische hervordringen? Es würde dir übel gehen, wenn du mir das Leben nähmst.« – Der Bauer wandte sich zu einem Fichtenbaume und hob seine Axt gegen ihn auf. Die Seele des Baumes aber rief ihm zu: »Hau mich nicht um! Du würdest wenig Nutzen von mir haben, denn mein Holz ist gewunden und ästig.« Unwillig wandte sich der Bauer zu einem dritten Baume, der Erle, und begann sie umzuhauen. Der Baumgeist aber schrie: »Hüte dich, mich zu verletzen! Bei jedem Hieb dringt Blut von meinem Herzen heraus und färbt mein Holz und deine Axt blutig.«

Betrübt gab der Bauer seine Versuche auf und schickte sich an, nach Hause zu gehen. Als er aus dem Walde heraustrat, begegnete ihm der Herr Jesus und fragte, weshalb er so missmutig aussehe. Er erzählte sein Missgeschick. Da antwortete ihm der Herr: »Kehre nur wieder um und haue ab, was du willst; denn von jetzt an werde ich den Bäumen verbieten, zu reden und den Menschen zu widersprechen.«

Es geschah, und seit der Zeit wagt es kein Baum, gegen die Axt des Menschen die Stimme zu erheben. Doch hört man es im Walde noch sanft rauschen und die Blätter sich bewegen, wenn die Bäume leise miteinander flüstern.

Märchen aus Estland

Warum die Kiefern so struppig sind

Vor vielen Jahren lebte ein Bauer in großer Not. Das Frühjahr kam, und er hatte kein Saatkorn. Betrübt saß er vor der Tür seiner Hütte und dachte: »Ich gäb wahrhaftig dem Teufel meine Seele für ein Stück Geld, damit ich Korn kaufen und meine Felder bestellen kann.«

Kaum hat er das gedacht, da steht schon der Teufel vor ihm, grinst ihn an und spricht: »Wenn du mir deine Seele verschreibst, gebe ich dir so viel Geld, dass du deinen Acker bestellen kannst und noch etwas darüber hast.«

Der Bauer erschrak sehr. Er hatte es mit seinem Denken nicht ernst gemeint. Er rückte seine Mütze etwas zurück, spuckte aus und sagte: »Überlegen will ich mir das halt ...«

Aber der Teufel ließ sich nicht abweisen. Einmal gerufen, blieb er auch da, zog einen Beutel Geld aus der Tasche und hielt ihn dem Bauer vor die Augen: »Das soll dein sein, wenn du mir deine Seele verschreibst!«

Da erwachte die Habgier in dem Bauer, zugleich aber auch die Sorge um sein Seelenheil. Er dachte ein wenig nach, fuhr mit den arbeitsharten Fingern durch sein struppiges Haar, doch schließlich lächelte er verschmitzt und sagte dann: »Meinetwegen, ich verschreibe dir meine Seele für einen Beutel voll Gold. Du kannst sie dir holen, wenn kein Baum mehr Blätter trägt.«

Darüber war der Teufel sehr erfreut. Er holte den Vertrag hervor, es wurden die nötigen Zusätze gemacht, der Bauer musste ihn mit seinem Blut unterschreiben und erhielt dafür den Beutel mit Gold.

Er konnte nun sein Feld bestellen und tat es mit besonderer Freude. Der Teufel spazierte manchmal den Feldrain entlang und sah schadenfroh, wie das Korn wuchs und reifte. Er zählte die Tage bis zum Herbst, sah die Blätter der Bäume gelb werden und fallen, sah die Bäume eines Tages kahl stehen. Der Sturm raste über die Felder und brachte den ersten Schnee.

Da klopfte der Teufel bei dem Bauern an: »Hallo, Freund, mach dich bereit, der Wald steht kahl da . . .«

Der Bauer blieb ruhig, nahm die Pfeife aus dem Mund, zeigte auf die Eichen und sagte: »Die sind noch lange nicht kahl.«

Der Teufel sah schärfer hin und musste es zugeben: Die Eichen waren noch voller Laub. Die Blätter waren braun und trocken, aber sie hingen fest am Baume. Da schlich der Teufel davon. Er wartete nun von Tag zu Tag auf das Abfallen der Blätter. Der Frühling kam: Die trockenen Blätter hingen noch an den Eichbäumen, als schon das junge Grün lustig sprosste. Da sah der Teufel, dass ihn der Bauer betrogen hatte. Mit einem furchtbaren Geschrei floh er in den tiefsten Wald, fuhr durch die Kiefern und raufte und zauste sie in seiner Wut. Seitdem sind die Kiefern so struppig.

Märchen aus Schlesien

Märchen von der Eiche

Einmal ging der Teufel zum Herrgott und sagte: »Die Menschen sind mit deiner Herrschaft nicht einverstanden. Ich würde die Welt viel besser regieren wie du und die Menschen hätten über mich sicherlich nicht zu klagen. Lass daher mir die Weltregierung über.« Da meinte der liebe Gott, er habe nicht die Gewähr, dass der Teufel die Welt wirklich lenken könne. »So lass mich zur Probe nur an einem einzigen Tage einmal regieren«, sprach der Satan. »Gut«, sagte darauf der liebe Gott. »Wenn einmal von sämtlichen Bäumen das Laub abgefallen ist, so werde ich dir einen Tag lang die Welt anvertrauen.« Des freute sich der Teufel und passte gut auf, um ja den richtigen Zeitpunkt nicht zu übersehen.

Als nun mit Beginn des Winters die Bäume kahl dastanden, wollte er die Weltregierung übernehmen. Gott verwies aber auf die Eichen, die ihr Laub noch nicht abgeworfen hätten.

Das war nun freilich richtig. Als aber die Eichen ihr Laub endlich fallen ließen, standen schon wieder andere Bäume im Schmuck frischer Blätter da. Nun sah der Teufel ein, dass ihm die Eichen seinen Plan verdorben hatten und voll Jähzorn fuhr er unter sie und zerriss mit seinen Krallen ihre Blätter. Seither sind diese gelappt.

Märchen aus Österreich

Steineiche und Steinbuche

Ein Mann war einmal in großer Not und rief den Bösen an, dass er ihm helfen sollte. Der Böse kam und brachte ihm viel, viel Geld. Dafür musste der Mann ihm seine Seele verschreiben. Die sollte jedoch erst dann dem Teufel gehören, wenn die Bäume alle kahl stünden. Der Mann kriegte das Geld und lebte herrlich und in Freuden. Als aber der Sommer zu Ende ging und er das erste Laubblatt fallen sah, kriegte er's mit der Angst, und seine Sünde wurde ihm leid. Und er ging zur Kirche und fiel vor unserem Herrgott auf die Knie und bat, er möge ihm seine Sünde vergeben und seine arme Seele retten. Da erbarmte sich unser lieber Herrgott seiner und sprach zu ihm: »Ich will deine Seele dem Teufel aus dem Rachen reißen. Wenn auch die andern Bäume all ihr Laub abwerfen, an zweien soll's sitzen bleiben.« Und der Herrgott machte aus einer Eiche und einer Buche eine neue Art, die das Laub in Herbststurm und Winterskälte nicht abwarf, sondern so lange behielt, bis all die andern Bäume wieder grün wurden.

Als nun zur Herbstzeit der Teufel kam und des Mannes Seele haben wollte, sagte dieser: »Noch sind nicht alle Bäume kahl. Komm mit ins Holz. Ich will dir welche zeigen, deren Laub noch festsitzt.« Und er zeigte ihm die Steineiche und die Steinbuche. Der Teufel fing wohl an, die Bäume zu schütteln und als Sturmwind dazwischen zu saußen, aber das Laub saß fest, und all sein Toben und Mühen war vergebens. Da fuhr er ab und rief: »Zum Frühjahr komm' ich wieder, dann bist du sicher mein!« Der Mann aber dachte: »Ich verlass mich auf unsers Herrgotts Wort.«

Und als der Teufel zur Frühlingszeit wiederkam, da sah man noch etwas Laub an der Steineiche und Steinbuche, und der Teufel sagte: »Wart nur noch ein paar Tage, dann bist du sicher mein!« Der Mann aber dachte wieder: »Ich verlass mich auf meines Herrgotts Wort.« Und als er sich umschaute, da sah er schon eine Birke und eine Weide grün schimmern. Die zeigte er dem Bösen.

Und ein paar Tage weiter, da war alles grün, und da kamen auch an der Steineiche und Steinbuche die jungen Blattknospen heraus und stießen das alte, trockene Laub ab, und unser Herrgott hatte die arme Seele gerettet.

Die Steineiche und die Steinbuche aber ließ Gott bestehen. Jahr für Jahr behalten sie ihr Laub in Herbststurm und Winterskälte, bis alles wieder grünt und blüht.

Märchen aus Deutschland

Vom Ursprung des Kokosnuss-Baumes

Ina Moe-Aitu, was so viel wie »Ina, die Gottesgeliebte« bedeutet, war eine Tochter der blinden Kui. Sie wohnte in der finster schattenden Höhle von Tautua, die dem Eingang einer riesigen Burg glich. Nahe an ihrer Wohnstätte vorbei floss ein träger Strom, der schließlich unter den Klippen verschwand. Sein Wasser wimmelte von einer Unmenge von Aalen. Am Ufer des Flusses waren schöne Baumgruppen, und Ina ging oft dahin. Sie liebte es, bei Sonnenuntergang und Dämmerung dort zu baden.

Einst hatte ein riesiger Aal seinen gewohnten Schlupfwinkel unter den Klippen verlassen, war nahe herangeschwommen und hatte sie berührt. Ina erschrak. Doch Tag für Tag kam der Aal, wenn Ina dort badete, und berührte sie und Ina gewöhnte sich allmählich an den Aal.

Eines Tages nun verwandelte sich der Aal vor ihren Augen in einen schönen Jüngling: »Ich bin Tuna, der Gott und Beschützer aller Süßwasser-Aale. Bezwungen von deiner Schönheit, verließ ich mein düsteres Heim, um deine Liebe zu gewinnen. Sei die Meine!« Seitdem wurde er ihr treuer Verehrer und behielt meist menschliche Gestalt. Er nahm nur dann und wann wieder seine Aalgestalt an, wenn er in seine heimatlichen Schlupfwinkel zurückkehren wollte.

Eines Tages aber nahm er Abschied von der lieblichen Ina. »Wir müssen scheiden«, sagte Tuna. »Aber als Andenken an unsere Treue will ich dir eine große Wohltat erzeigen. Morgen wird ein mächtiger Regen kommen, der das ganze Tal überflutet. Sei nicht ängstlich. Die Flut soll mich nur hinauftragen zu deinem Haus auf jenem hohen Land. Ich werde mein Haupt auf die hölzerne Schwelle deines Hauses legen, und du sollst es mit einem Schlage abhauen. Dann musst du es begraben und nachher jeden Tag den Platz besuchen, um zu sehen, was dort geschehen wird.«

Ina sah ihren schönen Geliebten nie wieder. Aber in der Nacht wurde sie aufgeweckt von einem Regen, der in Gießbächen herunterbrauste. Sie erinnerte sich gleich der Worte Tunas und blieb ruhig in ihrem Hause. Bei Tagesanbruch fand sie, dass das Wasser, von den Hügeln herabströmend, das Taro-Land überschwemmt hatte und bis zur Eingangstür ihrer Hütte gestiegen war. In diesem Augenblick näherte sich ihr ein großer Aal und legte sein Haupt auf die Schwelle ihres Hauses. Ina holte eilends ihre Axt herbei, hieb ihm den Kopf ab und begrub diesen dann gleich hinter ihrer Hütte am Bergabhang. Der Regen ließ bald nach, und nach Verlauf von ein bis zwei Tagen waren die Wasser wieder abgelaufen.

Ina hielt sich an das Versprechen, das sie ihrem Liebsten gegebenen hatte: Täglich ging sie zu dem Ort, wo das Haupt des gewaltigen Aales begraben war. Viele Tage lang konnte sie dort nichts Auffälliges bemerken. Endlich aber sah sie zu ihrer großen Freude, wie ein derbes dünnes Pflänzchen den Boden durchbrochen hatte, und schon am nächsten Tage hatte es sich in zwei geteilt. Diese Zwillingspflänzchen, die sich nun nach und nach kräftig entfalteten, waren sehr verschieden von anderen Pflanzen. Sie wuchsen rasch zu Bäumen von mächtiger Höhe und breiteten große, schöne Blätter aus, welche von allen Menschen bewundert wurden. Im Laufe des Jahres trugen diese Bäume auch Blüten und Früchte. Der eine von den beiden Kokosnussbäumen, welche den beiden Gehirnhälften Tunas entsprungen waren, war rot an Stamm, Zweigen und Früchten, während der andere von einem tiefen Grün war.

So entstanden die beiden hauptsächlichsten Arten der Kokosnuss. Die rote Art war dem Gott Tangaroa geweiht und die grüne dem Rongo. Als Abzeichen ihrer Abstammung vom Haupte Tunas trägt unveränderlich jede enthülste Nuss die beiden Augen und den Mund des Liebsten der Ina. Der weiße Kern heißt allgemein: te roro o Tuna, das Gehirn Tunas.

Märchen aus Polynesien

Der Baum
und seine Früchte

Der Wunderbaum Allepantepo

Es gab eine Zeit, da hatten die Indianer noch keine Kassawa* zu essen. Sie litten alle Hunger. Die Tiere und die Vögel hatten auch nichts zu essen. Sie hatten auch Hunger. Nur der Tapir ging regelmäßig jeden Morgen aus und kehrte des Abends zurück und war immer rund und fett. Die anderen sahen, was er fallen ließ: Bananenschalen, Zuckerrohrstreifen Pflaumenkerne. Da sagten die anderen Tiere zueinander: »Der Tapir muss einen guten Futterplatz gefunden haben. Lasst uns ihn beobachten!«

Am nächsten Morgen schickten sie die Beutelratte aus, um ihm zu folgen und herauszubringen, wie er es anstellte, in solch gutem Zustand zu sein. Die Ratte tat, was ihr aufgetragen war, und folgte dem Tapir einen langen, langen Weg in den Wald hinein. Dort machte er halt unter einem riesigen Baum und sammelte die Früchte, die herabgefallen waren. Dieser Baum war der Allepantepo. Es war ein wunderbarer Baum, denn alle Früchte, die man sich nur wünschen konnte, wuchsen auf seinen Zweigen: Bananen, Kassawa, Yamswurzeln, Pflaumen, Ananas und alle die anderen Früchte, die die Indianer lieben. Sobald der Tapir sich vollgefressen hatte, kletterte die Ratte auf den Baum und knabberte am Mais, um ihren Hunger zu stillen. Als sie nichts mehr essen konnte, kam sie herunter und brachte ein Korn mit, um den anderen zu zeigen, was sie gesehen hatte.

Daraufhin folgten die Indianer der Ratte, die sie zu dem Baum führte. Als sie ihn erreichten, waren viele Früchte zu Boden gefallen. Nachdem sie alle aufgelesen hatten, versuchten sie, den Baum zu erklettern, aber er war zu dick und glatt. Daher beschlossen sie, ihn umzuhauen. Sie machten ein Gerüst rund um den Stamm und fingen an, mit ihren Steinäxten zu hacken. Sie arbeiteten zehn Tage, aber der Baum wollte nicht fallen – so dick war Allepantepo! So

*Die Maniokwurzel, die später das Hauptnahrungsmittel der Indianer wurde.

schlugen sie weiter noch einmal zehn Tage, und noch immer wollte der Baum nicht fallen.

Zu dieser Zeit hatte ihre Arbeit sie durstig gemacht. Da gaben die Indianer allen Tieren Kalabassen als Gefäße zum Wasserschöpfen, nur dem Tapir gaben sie ein Sieb. Als sie an das Ufer kamen, tranken alle aus ihren Gefäßen. Nur der Tapir blieb durstig, denn aus seinem Sieb floss das Wasser so schnell heraus, wie er es hineinschöpfte. Das war ein Teil seiner Strafe dafür, dass er so habgierig gewesen war und das Geheimnis des Wunderbaumes für sich behalten hatte.

Nach Ablauf von abermals zehn Tagen, in denen sie ununterbrochen schlugen, fiel endlich der Baum. Die Indianer nahmen als ihren Anteil alle Kassawa, Zuckerrohr, Yamswurzeln, Bananen, Süßkartoffeln, Kürbisse und Wassermelonen. Die Tiere schlüpften in die Zweige, um sich alles zu holen, was sie gern hatten. Als der Tapir endlich vom Flussufer zurückkam, hatte man nur noch die Pflaumen für ihn übrig gelassen, und mit diesen muss er zufrieden sein bis auf den heutigen Tag.

Was die Indianer nahmen, brachten sie nach Hause und pflanzten es auf ihre Felder. Und der weise Bunia-Vogel sprach zu ihnen und erklärte ihnen, wie jede Frucht fortzupflanzen und zu kochen sei, und dass einige, wie die bittere Kassawa-Brühe, gekocht werden müssten, bevor sie genießbar seien, während andere Früchte roh gegessen werden könnten.

So waren die Früchte zu den Menschen und den Tieren gekommen.

Märchen aus Südamerika

Vom Baum, der goldene Äpfel trug

Lang, lang ist es her, wohl viele hundert Jahre, da lebte ein Freibauer im Kreise Ratibor. Er war sehr reich und hatte sehr viel Acker.

Aber zufrieden war er nicht. Auf seiner großen Wiese ging ein Wunder um, das machte ihm sehr zu schaffen. Es stand da ein Apfelbaum, breit und herrlich in der Krone, der blühte alle Jahre einmal und trug in derselben Nacht auch Frucht. Die Äpfel waren alle von Gold, aber der Bauer erntete sie nie, sie waren am Morgen immer verschwunden, so sehr er den Baum auch bewachen mochte.

Inzwischen waren seine Söhne herangewachsen, da sagte er eines Tages zu seinem Ältesten: »Wenn du mir nur einen Apfel von dem Baume bringst, gebe ich dir mein halbes Ackerland.«

»Es gilt, Vater«, sagte der Sohn. »Pass auf, ich bringe dir den Apfel.«

Als nun die Zeit da war, in der der Baum blühte und Früchte trug, nahm der junge Bauer ein Kissen, legte es unter den Apfelbaum und legte sich darauf zur Ruhe nieder, die Augen immer auf den Baum gerichtet. Es mochte zwölf Uhr sein, da leuchtete der Baum in hellem Glanze, herrliche Blüten bedeckten ihn.

Mit weitaufgerissenen Augen betrachtete der Bauer das Wunder der Johannisnacht – auf einmal aber fielen ihm die Augen zu, er schlief ein.

Als er am Morgen erwachte, stand der Baum da wie immer, ohne den Schmuck seiner Blüten, aber das Gras rundum war zertreten und abgerissene Zweiglein lagen auf der Erde.

Da nahm der Bursche sein Kissen und lief nach Hause. Der alte Bauer sagte traurig: »Ich werde wohl sterben müssen, ohne je eine Frucht von dem herrlichen Baume geerntet zu haben.«

Wieder ging ein Jahr hin. Da nahm der zweite Sohn einen Bauernstuhl, ging hinaus auf die Wiese, setzte sich unter den Apfelbaum und dachte: »So will ich wohl nicht einschlafen!«

Es mochte zwölf Uhr sein, da leuchtete der Baum auf im Glanze zahlloser Blüten. So strahlend war er, dass der Jüngling alles um sich herum vergaß. Er sah, wie die Blüten schwanden, wie an ihrer Stelle goldene Äpfel an den Zweigen hingen. Er zählte neun Stück.

Wie er nun die Hand nach den Früchten ausstreckte, rauschte es in der Luft. Er sah sich um, sah neun Pfauenhennen heranfliegen. Plötzlich vergingen ihm die Sinne, er schlief ein. Am Morgen, als er erwachte, war der Baum kahl, auf der Erde lagen Zweige und das Gras war zertreten.

Er nahm seinen Stuhl und ging betrübt nach Hause, erzählte, was er erlebt hatte und wie ihm die Augen plötzlich zugefallen waren.

Da sagte der Vater: »Es hilft alles nichts, ich werde sterben, ohne je eine Frucht von dem Baume geerntet zu haben. Denn wenn es euch nicht gelungen ist, einen Apfel zu erhaschen – von unserem Jüngsten, dem Dummerl, kann ich nichts erhoffen.«

Der Jüngste sagte nichts. Er wartete, bis das Jahr vorüber war, dann sagte er zum Vater: »Heute will ich es versuchen, einen Apfel zu erhaschen.«

Alle lachten, am meisten die Brüder. Er kehrte sich nicht daran. Aus dem Schuppen holte er sich eine Egge, mit der ging er unter den Baum. Er legte sie, mit den Dornen nach oben, auf die Wiese, legte sich darauf kurz vor zwölf Uhr und erwartete so das Wunder der Johannisnacht.

Auf einmal leuchtete der Baum in goldenem Glanze, die Blüten vergingen so schnell, wie sie gekommen waren, goldene Äpfel traten an ihre Stelle.

Ganz verzaubert schaute der junge Bursche zu. Er sah, wie sie groß und rund wurden. Schon wollte er aufstehen und sie pflücken, da rauschte es in den Lüften – die Augen fielen ihm zu. Als ihn der Schlaf übermannte, fiel er auf die Egge zurück, die Dornen gruben sich in sein Fleisch und er erwachte.

Da sah er auf dem Baume neun Pfauenhennen, die pflückten die goldenen Äpfel. Rasch sprang er auf und haschte nach den Vögeln. Schwrrr – flogen sie davon. Einen aber hielt er in den Händen.

»Du bist also der Apfeldieb«, sagte er und gab ihm einen Klaps auf den Schnabel.

In dem Augenblick verwandelte sich der Vogel in ein schönes Mädchen. Ihre Kleider waren weiß wie Schnee, ihr Haar leuchtete wie Gold. Da nahm er das Mädchen bei der Hand, setzte sich mit ihm unter den Baum und küsste es. Als der Morgen anbrach, gab ihm das schöne Mädchen einen Apfel und sagte: »Komm wieder, über das nächste Jahr.«

Der junge Bauer ging nach Hause und gab dem Vater den goldenen Apfel. Darüber waren alle im Hause verwundert. Er aber war traurig, er sehnte sich nach dem schönen Mädchen.

So ging das Jahr hin. Er ging kurz vor Mitternacht nach der Wiese und wartete auf das Wunder des Baumes: Und siehe, alles war wie im vergangenen Jahre. Das Mädchen schien ihm noch schöner geworden, er herzte und küsste es.

Am Morgen gab es ihm zwei Äpfel und sagte: »Im nächsten Jahre komme ich wieder!«

Darüber war der Bursche sehr erfreut und er dachte: »Ein Jahr geht schnell vorüber!« Er gab die Äpfel seinen Eltern und dachte das Jahr hindurch nur an das schöne Mädchen.

Und wieder kam die Nacht herbei, in der die Äpfel blühten und reiften.

Er nahm die Egge aus dem Schuppen und ging unter den Baum. Es mochte zwölf sein – da rauschte es in den Zweigen, die Pfauenhennen flogen heran und pflückten die Äpfel ab. Eine von ihnen flog zu dem Jüngling hin unter dem Baume.

Er nahm sie in seine Arme, ihr herrliches Haar hing darüber hinweg wie ein goldener Mantel. Wie sie nun so saßen, sich herzten und küssten, achteten sie nicht auf ihre Umgebung. Es war aber die Mutter des Burschen leise herangekommen, getrieben von heftiger Neugier. Sie sah ihren Sohn, sah das schöne Mädchen in seinem Arm, sah sein herrliches Haar.

Leise zog sie die Schere aus ihrer Tasche und – ritz, ratz, schnitt sie dem Mädchen das Haar ab.* Das schrie auf, aber es half ihm nichts – es konnte nicht mehr mit den Schwestern fort! Nun war es die Frau des jungen Bauern. Und so war alles gut. Sie lebte mit ihrem Manne glücklich bis ans Ende.

Märchen aus Oberschlesien

* Das abgeschnittene Haar ist bei den Slawen ein Zeichen der Frauenwürde, der verheirateten Frauen.

Einen Birnbaum säen

Es war einmal ein Bauer. Der stand auf dem Markt und verkaufte Birnen. Die Birnen waren süß, saftig und dufteten wunderbar, und so rechnete der Bauer damit, für die Birnen einen hohen Preis zu bekommen.

Da kam ein Dau-Priester mit zerrissenem Hut und schäbigen Kleidern und bettelte vor seinem Karren. Der Bauer schimpfte, aber der Bettler ging nicht weg. Als der Bauer wütend wurde und ihn anschrie, sagte der Dau-Priester: »In Ihrem Karren haben Sie doch mehrere hundert Birnen. Wenn ich alter Priester nur um eine davon bitte, so ist das für Sie doch kein großer Verlust! Warum erzürnen Sie sich und machen so viel Wesen darum?«

Die Herumstehenden rieten dem Bauern, dem Priester doch eine Birne zu geben, er könne ihm ja eine von den nicht so schönen Birnen geben. Dann würde der Bettler weitergehen und er hätte seine Ruhe. Aber der Bauer war hartnäckig und wollte nicht nachgeben.

Ein Lohnarbeiter zog schließlich sein Geld heraus, kaufte eine der Birnen und schenkte sie dann dem Dau-Priester.

Der Priester dankte ihm höflichst und sprach zur Menge: »Als Mönch habe ich kein Verständnis für Geiz. Ich habe schöne Birnen und lade euch alle ein, davon zu essen.«

Einer meinte, da er die Birne nun habe, könne er sie doch auch selber essen. Der Priester aber sagt: »Ich will nur die Kerne haben, um sie als Samen zu benutzen.« Er nahm die Birne und aß sie, mit vollen Backen kauend, auf. Als er fertig war, sammelte er die Kerne in der Hand, nahm ein Schwert von der Schulter und grub ein mehrere Zoll tiefes Loch in die Erde. Dort hinein legte er die Samen und deckte sie mit Erde zu.

Dann bat er die Leute vom Markt um warmes Wasser, damit er die Samen begießen könne. Einige waren bereit zu helfen und holten aus einem nahen Gasthaus warmes Wasser zum Begießen. Der Dau-Priester nahm das Wasser und tränkte damit die Erde, wo er das Loch gemacht hatte. Die Zuschauer staunten. Sie sahen, wie nun ein Keim herauswuchs, der wurde immer größer und größer, bis er schließlich ein hoher Baum war, mit belaubten Zweigen, die tief herabhingen. Plötzlich blühte der Baum, und ebenso plötzlich erschienen die Früchte. Fertig ausgereift und würzig duftend hingen Birnen am ganzen Baum.

Der Dau-Priester stieg nun auf den Baum, pflückte die Birnen ab und schenkte sie den Umstehenden. Dann stieg er wieder herab und nahm sein Schwert, um den Baum zu fällen. Nach einigen Schlägen brach er ihn ab, nahm ihn mit den Blättern auf die Schulter und ging ruhig, mit langsamen Schritten, davon.

Während der Dau-Priester an der Arbeit war, hatte der Bauer auch unter den Zuschauern gestanden, den Hals gereckt und die Augen aufgerissen, so dass er schließlich sein Geschäft ganz vergessen hatte. Als der Dau-Priester weggegangen war, blickte er wieder auf seinen Karren und bemerkte, dass die Birnen weg waren. Da begriff er, dass es diese Birnen waren, die der Dau-Priester verteilt hatte. Bei genauerem Hinsehen fehlte auch die Deichsel des Karrens, die frisch abgeschnitten war. Da war er sehr bekümmert und rannte dem Priester nach. Als er um eine Ecke bog, sah er die abgeschnittene Deichsel weggeworfen an einer Mauer liegen. Da begriff er, dass die Deichsel der gefällte Baum gewesen war. Wo der Dau-Priester hingegangen war, wusste niemand, aber der ganze Markt lachte den Bauern aus.

Märchen aus China

Alle tausend Jahre reift die flache Pfirsichfrucht

Der junge Distriktbeamte Wang war an die Präfektur in die Provinz Shantung versetzt worden. Sein Distrikt lag in einem entlegenen Ort am Meer und nach seiner Ankunft fühlte er sich dort einsam und traurig. Das dauerte aber nur so lange, bis er die Tochter des reichen Lo erblickt hatte.

Eines Abends unternahm er einen Spaziergang in die Umgebung des Ortes und sah sie hinter dem Gitter ihres Gartens sitzen. Er war sofort in Liebe zu ihr entbrannt und brachte bald in Erfahrung, dass sie nicht nur schön, sondern auch klug und unterrichtet sei. Der reiche Landbesitzer hatte seine Tochter wie einen Sohn erziehen lassen, und sie übertraf an Gelehrsamkeit manchen jungen, tüchtigen Beamten. Wang sehnte sich von ganzem Herzen danach, sie zu seiner Frau zu machen, aber wie konnte er, ein junger Mann ohne Vermögen, daran denken, die Einwilligung ihres Vaters zu erlangen? Täglich ging er von jetzt ab an ihrem Garten vorbei, und auch sie hatte ihn bald bemerkt und Gefallen an ihm gefunden. Verstohlen blickte sie zu ihm hinüber, manchmal erhellte ein Lächeln ihr schönes Gesicht, und bald wussten die Augen der beiden sich mehr zu sagen, als wenn sie jahrelang miteinander gesprochen hätten. Wang wurde fast krank vor Liebessehnsucht. Hielt die Tagesarbeit ihn auch ab, fortwährend an seine Liebe zu denken, so lag er des Nachts in Fieberträumen auf seinem Lager und sehnte sich nach dem schönen Mädchen.

Da entschloss er sich endlich einen Schritt zu wagen, von welchem das Glück seines Lebens abhängen sollte. Er verfasste ein wundervolles Gedicht an Lo, mit der Bitte um die Hand seiner Tochter, dann erkundigte er sich nach dem besten Heiratsvermittler des Ortes und sandte diesen damit zu dem reichen Landwirt. Angstvoll wartete er drei Tage lang, bis der Vermittler wiederkam. Mit tiefer Verbeugung erschien dieser am dritten Tag und überreichte ihm eine große Papierrolle. Als Wang sie zitternd vor Aufregung geöffnet hatte, las er darauf mit umflorten Augen: »Wenn die ersten Früchte des Pfirsichbaumes reifen, soll Los Tochter die demütige Frau des hochgeachteten Wang werden.« – Wangs Freude war grenzenlos. Niemals hätte er sich's träumen lassen, seinen ersehnten Preis so leicht zu erringen. Zum Glück war der reichbelohnte Vermittler schnell fortgegangen, sonst hätte er einen kaiserlichen Beamten in würdeloser Glückseligkeit in seinem Zimmer wie toll herumspringen gesehen.

Armer Wang! Du weißt nicht, in welche Falle du geraten bist und wie bitter das Schicksal dich enttäuschen wird! – Sehnsuchtsvoll erwartete Wang den Herbst und die Monate gingen für ihn wie Jahre dahin.

Endlich kam die Zeit heran. Einem warmen, sonnigen Sommer folgte ein gesegneter, fruchtbarer Herbst. Alle Bäume trugen schwer an ihren reich mit Früchten beladenen Ästen. Aber ach! Der Pfirsichbaum allein blieb leer. – Wang wollte seinen Augen nicht trauen. Täglich wanderte er an die Küste, wo der alte Pfirsichbaum grünte, aber alles Warten war vergebens, der Baum trug keine einzige Frucht. Bitteres Weh erfüllte Wangs Herz, und er begab sich zu einem Magier, um ihn über dieses Rätsel zu befragen. Der gelehrte Mann schlug ein uraltes Buch auf und deutete ihm folgende Stelle:

»Über dem Meere steht der grüne Pfirsichbaum.
Er harrt geduldig, dass sein Schicksal sich erfülle
und tausend Jahre fliehen wie im Traum
bis seine Früchte reifen durch des Höchsten Wille.
O Mensch, erkenn' der Götter Macht in diesem Baum,
der auf Erfüllung harret frei von Schuld.
O Mensch, dein Leben hier ist nur ein Traum,
lern' es in Demut tragen und Geduld.«

Das also war der tausendjährige Pfirsichbaum! Wang hatte den alten Spruch in seiner Erregung nur schwer entziffern können. Wie oft hatte er in der Kindheit von dieser wunderbaren Frucht gehört, die nur alle tausend Jahre einmal reift. Von diesem herrlichen flachen Pfirsich, der Glück und Freude über die Menschheit bringt, wenn der Lauf von tausend Jahren dahingegangen ist. Aber niemand auf der Erde wusste, wann die Frucht das letzte Mal gereift war, und alle harrten und hofften auf ihre Verheißung.

Wangs Herz wollte vor Schmerz fast stillstehen. So war also die Antwort des schlauen Lo eine Absage seiner Werbung gewesen, und obendrein hatte er sich noch lustig über ihn gemacht. Wang beschloss abzureisen. Er schrieb an die Regierung und bat um seine Versetzung. Bald wurde er auch mit einer wichtigen Mission betraut und er verließ den Ort, ohne das geliebte Mädchen noch einmal erblickt zu haben.

Ein Jahr verging. Wang hatte viel gesehen und gelernt, doch in seinem Herzen war es düster geblieben. So sehr er sich dagegen sträubte, sandte sein Vorgesetzter ihn wieder mit einer Nachricht in die Provinz Shantung. Er musste gehorchen und sich dorthin begeben. Eines Abends trat er über die Schwelle des ihm wohlbekannten Distrikts und erfuhr dort als Erstes die Nachricht von der Vermählung des reichen Li mit Los Tochter, die in einigen Tagen stattfinden sollte. Doch auch etwas anderes sollte vorgegangen sein. Ein Wunder war geschehen. Die Menschen flüsterten es sich erst leise gegenseitig zu, dann begannen sie immer lauter darüber zu jubeln. Glück und Segen sollte über die Menschheit kommen, man getraute sich noch kaum daran zu glauben. Man pilgerte hinaus an das Gestade des Meeres: Dort stand der alte Pfirsichbaum und war mit reifen Früchten schwer beladen. Wangs Herz drohte zu zerspringen über die Fülle des Glücks, die sich plötzlich vor ihm öffnete. War es möglich, dass sein Leben sich derart verändern konnte? Jetzt durfte Lo sein gegebenes Versprechen nicht mehr brechen, sonst wäre er von den Bewohnern des Ortes gesteinigt worden, denn eine Versündigung gegen die Verheißung des Baumes hätte Unglück über alle Menschen bringen können. So hatte Lo sich denn in dem Netz seiner Schlauheit selbst verfangen.

Der beglückte Wang sandte ihm den Vermittler mit einem langen Schreiben ins Haus. Dann füllte er einen Korb mit den schönsten flachen Pfirsichen und ließ ihn dem geliebten Mädchen mit einem Fächer überreichen. Darauf stand:

»Über dem Meere steht der grüne Pfirsichbaum
Und trägt an den gereiften Früchten schwere Lasten.
Auf unsrer Erde fliehen wie im Traum
Die Monde und die Jahre ohne Rasten.
Sie fließen unaufhaltsam rasch dahin, wie in dem Strom die
raschen Wellen fließen und tausend Jahre sieht die Menschheit
zieh'n, eh aus der Pfirsichblüte Früchte sprießen.
Dein ganzes Leben möge diesem Wunder gleichen,
auf dass es lange Jahre freudig sich entfalte,
und Herzensfriede nie von deiner Seite weichen,
damit das Ende sich zu höchstem Glück gestalte!«

Los schöne Tochter blickte beseligt auf den Fächer in ihrer Hand und Tränen des Dankes und der Freude entströmten ihren Augen.

Märchen aus China

Sprechende, singende und helfende Bäume

Die Jungfrau geht nach dem Feuer

In einem Wald lebte ein Mann, der hatte zwei Töchter. Einmal im Herbst hatte er kein Feuer, als er auf einer Bergspitze einen Feuerschein sah. Er sagte zu der einen Tochter: »Geh hin und hole einen Brand von dem Feuer!« Als die Tochter an Ort und Stelle kam, fand sie einen großen Bären bei dem Feuer sitzen, den sie um einen Brand bat. Der Bär antwortete: »Erst musst du mich eine Stunde lausen.«

Nach einer halben Stunde schlief der Bär ein, und das Mädchen nahm ihm einen goldenen Ring weg, den er um den Hals trug, ergriff ein brennendes Scheit und ging fort. Bald kam es zu einem Birnbaum, der hing voll Früchte und bat: »Schüttle mich, dass die Äste nicht brechen!« Aber das Mädchen sprach: »Ich habe keine Zeit!« und ging fort.

Bald darauf stand ein Pflaumenbaum am Wege, der hing voll Früchte und bat: »Schüttle mich, dass die Äste nicht brechen; es soll dein Schaden nicht sein!« »Ich habe keine Zeit!«, sprach das Mädchen und ging fort. Bald kam es zu einem Backofen, der war voll Kuchen und Strietzel und sprach: »Nimm die Kuchen heraus, dass sie nicht anbrennen!« »Ich habe keine Zeit!«, sprach das Mädchen, nahm aber doch einen Kuchen heraus und blieb stehen, um ihn zu essen.

In der Zwischenzeit war der Bär erwacht und lief dem Mädchen nach. Als er zum Birnbaum kam, fragte er: »Hast du nicht ein Mädchen laufen sehen, mit Feuer in der Hand und einem goldenen Ring am Hals?« Der Birnbaum sagte: »Da lang ging sie!« Darauf kam der Bär zum Pflaumenbaum und fragte: »Hast du nicht ein Mädchen laufen sehen, mit Feuer in der Hand und einem goldenen Ring am Hals?« Der Pflaumenbaum sagte: »Da lang ging sie!« Darauf kam der Bär zum Backofen und fragte: »Hast du nicht ein Mädchen laufen sehen, mit Feuer in der Hand und einem goldenen Ring am Hals?« Der Backofen sagte: »Sie steht hinter mir!« Da ging der Bär hinter den Backofen und zerriss das Mädchen. Den goldenen Ring nahm er wieder mit.

Am andern Morgen sprach der Vater zu der zweiten Tochter: »Deine Schwester kommt nicht wieder; der ist gewiss ein Unglück zugestoßen. Feuer müssen wir haben, sonst erfrieren wir im Winter, geh du und hole einen Brand!« Da ging die zweite Tochter, und es geschah alles wie das erste Mal. Als der Bär eingeschlafen war, nahm sie den Ring und ging davon. Der Birnbaum rief wieder: »Schüttle mich, dass die Äste nicht zerbrechen!« »Ich habe zwar nicht viel Zeit, aber lange wird's wohl nicht dauern!«, sprach das Mädchen, kroch auf den Baum und schüttelte einen Ast nach dem andern, dass die Birnen nur so herumflogen. »Du hast mir geholfen«, sprach der Birnbaum, »ich will dir wieder helfen!« Darauf kam das Mädchen zu dem Pflaumenbaum und schüttelte auch diesen. Dann räumte sie auch geschwind den Backofen aus. Der Backofen sprach: »Du hast mir geholfen, ich will dir wieder helfen. Stell dich nur hinter mich!«

Als der Bär erwachte, sprang er zum Birnbaum und fragte: »Hast du nicht ein Mädchen laufen sehen, mit Feuer in der Hand und einem goldenen Ring am Hals?« Der Birnbaum sagte: »Ich habe nichts gesehen!« Da fraß der Bär die ganzen Birnen, die am Boden lagen. Dann kam er zum Pflaumenbaum und fragte: »Hast du nicht ein Mädchen laufen sehen, mit Feuer in der Hand und einem goldenen Ring am Hals?« Der Pflaumenbaum sagte: »Ich habe nichts gesehen!« Da fraß der Bär die ganzen Pflaumen, die am Boden lagen. Dann kam er zum Backofen und fragte wieder: »Hast du nicht ein Mädchen laufen sehen, mit Feuer in der Hand und einem goldenen Ring am Hals?« Der Backofen sagte: »Ich habe nichts gesehen!« Da fraß der Bär von den Kuchen und Striezeln, bis er zersprang. Da ging das Mädchen nach Hause, und der Vater holte die Bärenhaut und sie lebten jetzt ohne Sorgen. Der Birnbaum und der Pflaumenbaum wurden alle Tage zweimal geschüttelt, und der Backofen gab, was sie brauchten, und für den goldenen Ring kauften sie prächtige Kleider.

Märchen aus Schlesien

Die Töchter des Holzhauers

Ein Holzhauer hatte zwei Töchter. Die eine war seine eigene Tochter, die hatte er von seiner ersten Frau. Die Frau aber war gestorben. Die andere Tochter war seine Stieftochter, die hatte seine zweite Frau mit in die Ehe gebracht. Die Tochter des Holzhauers war zu jedermann freundlich und hilfreich, aber die Stiefmutter konnte das Mädchen nicht leiden. Immer zog sie ihre eigene Tochter vor, und die war so störrisch wie faul.

Eines Tages schickte die Frau ihre Stieftochter hinaus in den Wald, um dem Vater Essen zu bringen. Als der Vater mit dem Essen fertig war, bat er das Mädchen, ihm seine ledernen Handschuhe zu holen, die hatte er abseits auf einem Strauch liegen gelassen.

»Gern, Vater«, sagte das Mädchen und ging zu dem Strauch. Doch als sie zu dem Strauch kam, saßen da zwei Tauben auf den Handschuhen. Da bat sie: »Fliegt etwas weiter, ihr lieben Täubchen, damit ich meinem Vater seine Handschuhe bringen kann!«

Die Tauben freuten sich über das Mädchen, und da wünschte die eine von ihnen, dem Mädchen solle bei jedem Wort, das es sprach, ein Goldstück aus dem Munde fallen. Die andere Taube wünschte, ein Apfelbaum mit goldenen Früchten solle hinter ihm her wandeln.

Die Tochter kam zurück zum Vater, gab ihm die Handschuhe und erzählte ihm von den Tauben. Da fiel ihr bei jedem Wort ein Goldstück aus dem Mund. Der Holzhauer fragte: »Woher kommen denn die Goldstücke?« Das Mädchen wusste es auch nicht, aber sie meinte, das müssten ihr wohl die Tauben gewünscht haben.

Als das Mädchen nach Hause ging, wandelte der Apfelbaum hinter ihr her und blieb vor der Tür des elterlichen Hauses stehen. Die Stiefmutter hatte das vom Fenster aus mit angesehen und fragte das Mädchen, woher der Baum käme. Wieder erzählte sie, was sie erlebt hatte, und wieder fiel ihr bei jedem Wort ein Goldstück aus dem Mund. Die Alte wäre vor Neid und Ärger fast geplatzt.

Am nächsten Tag packte sie der eigenen Tochter die Speisen in den Korb und sprach: »Bring du heute dem Vater das Essen! Vielleicht hast du ebenso viel Glück wie deine Schwester!« So nahm die Tochter der Frau den Korb und ging los.

Als der Vater gegessen hatte, sagte er: »Ich habe mein Halstuch neben dem Baum zurück gelassen, wo ich heute früh mit der Arbeit begonnen habe. Sei so gut und hole es mir!«

Mürrisch und verdrossen ging das Mädchen zu dem Baum hin. Als sie dort ankam, saßen die zwei Tauben auf dem Halstuch. Da fing sie an zu schimpfen: »Pfui, ihr garstigen Tiere, was habt ihr hier auf dem Halstuch zu schaffen? Schert euch fort! Fort mit euch!« Und mit der Hand scheuchte sie die Tauben fort. Da ärgerten sich die Tauben und sie wünschten, dass ihr bei jedem Wort, das sie spricht, eine Kröte aus dem Munde springen soll.

Der Vater war entsetzt, als der Tochter mit jedem Wort eine Kröte aus dem Munde sprang. Die Mutter aber sperrte ihre Tochter in den Keller, damit die Tiere im Hause nicht überhandnahmen.

Eines Tages kam der König des Landes an dem Hause vorübergefahren. Er sah den Apfelbaum mit den goldenen Früchten. Da ließ er den Wagen halten und schickte seinen Diener hin, der sollte ihm einen Apfel pflücken. Aber jedes Mal, wenn der Diener nach einem Apfel griff, fuhren die Zweige in die Höhe. Der Diener trat ins Haus und bat die Mutter, einen Apfel für den König zu pflücken. Doch auch ihr gelang es nicht. Jetzt fragte der König, ob denn niemand sonst weiter in dem Hause wohne. Die Alte wollte ihre eigene Tochter nicht herbeiholen, und so blieb ihr nichts anderes übrig, als die Stieftochter zu rufen.

Wie das Mädchen an den Baum herantrat, hielten die Zweige still. Mühelos pflückte sie einige Früchte und überreichte sie dem König. Dem König gefiel das Mädchen sehr, und so fragte er sie, ob sie nicht mit ihm kommen und seine Gemahlin werden wolle. Sie willigte mit Freuden ein. Nun nahm der König sie zu sich in den Wagen und fuhr mit ihr zu seinem Schloss hin. Der Baum aber wandelte hinter dem Wagen her und schlug vor dem Schloss neue Wurzeln, so dass die Königin sich stets an seinen goldenen Früchten erfreuen konnte.

Märchen aus Deutschland

Das Makassarische Aschenbrödel

Vor alten Zeiten lebten einmal sieben Schwestern. Die wohnten im Lande Banteng auf Süd-Celebes. Als die Eltern gestorben waren, bekam die älteste Schwester die Schlüsselgewalt. Sie hielt Ordnung im Hauswesen und wies täglich ihre Geschwister an, was sie tun sollten.

Die Jüngste hatte die niedrigsten Arbeiten zu verrichten und musste jeden Tag das Feuerholz in die Küche schaffen.

Eines Tages badete sie im Flusse. Da fing sie einen Djulung-djulung-Fisch. Sie nahm ihn mit und setzte ihn in ein Wasserbecken, das sich vor der Grotte Tja-lindo-lindo befand. Täglich fütterte sie den Fisch. Sie gab ihm die Hälfte ihrer Reismahlzeit. Und wenn sie ihn rief, sang sie:

»Djulung-djulung, komm' zu mir,
Schönen Reis, den reich' ich dir,
Wurd' mit Milch gewaschen hier!«

Hörte der Fisch das Liedlein, kam er sogleich nach oben und verzehrte seine Mahlzeit. So erhielt der Fisch jeden Morgen von dem Mädchen sein Futter; er wuchs und gedieh und war bald so lang wie ein Kopfkissen geworden.

Aber, o weh! Die Schwestern merkten nur zu bald, dass die Jüngste von Tag zu Tag magerer wurde. Sie konnten sich dies nicht erklären; um die Ursache herauszubekommen, verabredeten sie sich, die Jüngste genau, aber heimlich, in ihrem Tun und Treiben zu beobachten.

Und bald hatten sie es heraus, dass sie stets die Hälfte ihres Essens dem Fische gab und selber daher immer dünner wurde. Nun vermag niemand zu sagen, ob sie aus reiner Schwesterliebe dem Einhalt tun wollten, oder ob nicht der prächtige Djulung-djulung-Fisch ihre Begierde wachrief. Kurz und gut. Eines Tages fingen sie den Fisch und aßen ihn heimlich auf.

Als am andern Morgen die Jüngste wieder zu der Grotte von Tja-lindo-lindo ging, um ihren Fisch zu füttern, sang sie wieder:

»Djulung-djulung, komm' zu mir,
Schönen Reis, den reich' ich dir,
Wurd' mit Milch gewaschen hier!«

Diesmal kam der Fisch nicht, und das Mädchen wartete vergeblich auf sein Erscheinen. Traurig und verzweifelt kehrte sie heim. Sie hüllte sich in ihren Sarong und schlief Tag und Nacht.

Eines Morgens wurde sie durch das Krähen eines Hahnes geweckt. Der erzählte ihr, dass die traurigen Überbleibsel ihres Fisches, die Gräten, in der Küche versteckt wären. Sie stand sofort auf, suchte nach den Gräten, und als sie die gefunden hatte, bestattete sie die Reste neben der Grotte von Tja-lindo-lindo. Dabei sang sie:

»Djulung-djulung wachse hier, wachse hier im Raume,
Werde zum prächtigen Baume;
Mögen deine Blätter dann fallen hin nach Java,
Wird sie sammeln dann ein König, ja der König von Java!«

Alsbald wuchsen die Gräten zu einem Baum zusammen, dessen Stamm Eisen, dessen Blätter Seide, dessen Dornen Nadeln, dessen Blüten Gold und dessen Früchte Diamanten wurden.

Als der Baum groß geworden war, fiel auch ein Blatt, ganz so, wie es das Mädchen gewünscht hatte, auf die Insel Java. Wie das schöne Blatt vor den König gebracht wurde, fasste er gleich den Entschluss, das Land, in dem ein so prächtiger Baum wuchs, zu besuchen. Er machte sich also auf nach Celebes, und als er auf der Insel herumstreifte, traf er eines Tages auch auf den Wunderbaum von Tja-lindo-lindo. Gern hätte er da erfahren, wie es um diesen Baum bestellt war; seine Erkundigungen blieben sämtlich ohne Ergebnis.

Doch bekam er die Auskunft, dass in der Nähe sieben Schwestern wohnten, die ihm vielleicht etwas von dem Baume erzählen könnten. Er ließ die Mädchen vor sich kommen.

Die sechs ältesten Schwestern erschienen; wie der König sie nun aber über den Baum ausfragen wollte, vermochte keine ihm darüber etwas mitzuteilen.

Als der König nun so gar nichts erfahren konnte, fragte er zum Schlusse, ob sie vielleicht nicht noch eine Schwester hätten und wo die wäre. Da antworteten die Sechse: »Ja, wir haben noch eine Schwester. Sie ist die Jüngste. Sie ist im Hause, denn sie ist ein rechter Einfaltspinsel, der nur im Hause Bescheid weiß.«

Da ließ der König das Mädchen herbeiholen.

Und siehe da, welch' ein Wunder! Als es kam, neigte sich der Baum tief vor ihm zur Erde. Und das Mädchen pflückte einige Blätter und Früchte ab und überreichte sie dem König als Geschenk.

Der war ob dieses Wunders so erstaunt und über die Aufmerksamkeit so erfreut, dass er die Jüngste fragte, ob sie seine Frau werden wollte. Das Mädchen sagte ja. Es wurde die Gemahlin des Königs von Java. Und beide kehrten dann heim in ihr Reich. Auch die sechs anderen Schwestern durften mit dem Könige und der Königin reisen.

Märchen aus Insulinde (veraltet für den Malaiischen Archipel)

Der Fichtling

Geht man von Haimburg nach Dier, so erblickt man links vom Wege auf der Anhöhe, der Wandelitzen, zwei riesengroße Fichtenbäume, die ganz vereinsamt dastehen und weithin sichtbar sind. Das Volk erzählt, dass in diesen Bäumen ein Zwerg hause, der von den Bauern kurzweg »der Fichtling« genannt wird. Seine Gesinnung gegen die Menschen hängt ganz von ihrem Verhalten ab.

Ein armer Keuschler, dessen Grundstück an die Anhöhe grenzte, worauf die beiden Fichten stehen, hatte bei seiner Arbeit gar kein Glück. In einem Jahre vernichtete der Hagel seine Saaten, im folgenden Jahre verlor er durch eine Seuche den ganzen Viehstand. Da es mit der Wirtschaft nicht gehen wollte, suchte er auf andere Art sein Brot zu verdienen und verdingte sich als Holzknecht, wobei er oft mehrere Tage nicht nach Hause kam.

Eines Tages ersuchten ihn mehrere Bauern, die beiden Fichten zu fällen, weil sie wegen ihrer bedeutenden Höhe eine ständige Gefahr für die Anwohner bildeten; denn gerne schlägt der Blitz in einzel stehende Hochbäume. Es gibt aber Leute, die mit solcher Zähigkeit am Alten hängen, dass sie daran nicht rühren wollen; das war auch hier der Fall. Der Keuschler ließ sich weder durch Bitten noch durch barschen Befehl dazu bewegen. Er sollte dafür reichlich belohnt werden.

Der Fichtling befahl ihm nämlich aus Dankbarkeit, in der Heiligendreikönigsnacht die abgefallenen Nadeln zu sammeln. Nachdem der Keuschler diesen Auftrag befolgt hatte und am Morgen die Nadeln besah, glitzerten ihm statt der dürren Fichtennadeln zu seinem Erstaunen silberne entgegen, und er war mit einem Schlage ein reicher Mann. Lange kümmerten sich die Leute nicht um ihn, bis es endlich auffiel, dass der arme Keuschler vollauf lebte, trotzdem er weder pflügte noch säte. Dadurch noch mehr neugierig gemacht, forschten sie weiter und entdeckten, dass seine Hütte mit schönem, kostspieligem Hausrat ausgestattet war. Bald verbreitete sich die

Kunde von seinem Reichtum in der ganzen Gegend, aber wie er dazu gelangt war, blieb ein Rätsel. Viele Vermutungen wurden laut, aber keine traf das Richtige.

Als der Keuschler auf dem Sterbebette lag, rief er seinen Sohn zu sich, übergab ihm das Häuschen als Erbe und zeigte auf einen bis zum Rande mit Geldmünzen gefüllten Schrein. Dann sprach er: »Höre, mein Sohn! Solltest du einmal in Unglück geraten, so nimm dies Säckchen und geh zum Fichtling, der wird dir helfen!« Dann starb er und wurde in Ehren begraben. Sein Sohn, des Reichtums ungewohnt, vergaß bald die gute Lehre seines Vaters und begann ein schlenderisches Leben zu führen, das so lange dauerte, bis der Schrank geleert war. Nun gedachte er der Worte des Verstorbenen, schnallte ein Ledersäckchen um den Leib und wanderte zum Fichtling, um den Schatz zu erneuern. Ein schweres Gewitter war im Anzuge; laut rollte der Donner, und Blitz auf Blitz fuhr zur Erde nieder. Ganz durchnässt langte der Bauer endlich bei den zwei Fichten an. Statt das erhoffte Geld zu finden, vernahm er aus den Bäumen ein höhnisches Gelächter und musste unverrichteter Dinge abziehen. Der Fichtling hatte ihm seine Hilfe versagt, da er durch eigenes Verschulden des Reichtums ledig geworden war, und fortan musste er wieder mit schwerer Arbeit seinen kärglichen Unterhalt verdienen.

Sage aus Kärnten

Springendes Wasser, sprechender Vogel, singender Baum

Es waren einmal drei Hirtentöchter. Von den drei Schwestern waren zwei klug, die dritte aber hielten sie für einfältig. Einmal, als sie ihre Herde auf die Weide trieben und unter dem Königsschloss vorbeikamen, sagte die erste von ihnen: »Wenn mich der König zur Frau nähme, ich wollte allen Soldaten neue Hemden geben.« Die zweite sprach: »Wenn er mich nähme, ich wollte ihnen Jacken und Hosen geben.« Die dritte aber sprach: »Wenn er mich nähme, ich brächte ihm drei Kinder zur Welt mit goldenen Kreuzen auf der Stirn.« Der König hörte das von seinem Schloss alles mit an. Er ließ die drei Hirtentöchter ins Schloss holen und heiratete die dritte, die Schwester, die gesagt hatte, dass sie ihm drei Kinder mit goldenen Kreuzen zur Welt bringen würde.

Nicht lange danach musste der König in den Krieg ziehen. Während er weg war, gebar seine Gemahlin zwei Knaben und ein Mädchen, alle drei mit goldenen Kreuzen auf der Stirn. Ihre beiden Schwestern aber taten die Kinder in drei Schachteln, setzten sie aufs Wasser und hofften, dass sie sterben würden. Dem König aber schrieben sie, seine Gemahlin hätte zwei junge Hunde und eine junge Katze geboren. Darüber war der König so erzürnt, dass er zurückschrieb, seine Gemahlin solle eingemauert, aber mit Speise und Trank versorgt werden.

Jahre dauerte es, bis der König wieder aus dem Krieg zurückkam.

Einmal, da ging der König daheim wieder auf die Jagd und kam dabei in einen wunderschönen Garten. Den Garten hatte er noch nie gesehen. In dem Garten war ein wunderschönes Schloss, das er auch nicht kannte. Und um das Schloss her war ein tiefer Wassergraben, in den mündete das Wasser, auf das die falschen Schwestern die drei Schachteln gesetzt hatten. In dem Wassergraben aber ritten drei Kinder auf Pferden, zwei Knaben und ein Mädchen, die hatten alle drei die Stirn mit Tüchern verbunden.

Der König rief sie an, aber sie kamen nicht, und er kehrte betrübt zurück. Als er seinen Schwägerinnen davon erzählte, merkten die, dass die drei Königskinder noch am Leben waren. Die Älteste von ihnen ging an dem Wasser entlang und kam zu den drei Kindern, die in dem verzauberten Garten auf dem tiefen Wassergraben ritten. Da trat sie an den Graben, und als der älteste Knabe an ihr vorbeiritt, sprach sie: »Es gibt keinen schöneren Garten auf der Welt als euren. Doch wenn ihr noch dreierlei in dem Garten hättet, so hättet ihr alles, was das Herz nur wünschen kann.« »Was ist denn das?«, fragte der Knabe. Da antwortete sie: »Springendes Wasser, sprechender Vogel und singender Baum!« Sie dachte aber, er würde sterben, wenn er auszöge, die drei Dinge zu holen, und ging zufrieden heim.

Der älteste Knabe lenkte sein Pferd aus dem Wassergraben, nahm das Tuch von der Stirn, hängte es an das Schloss und sagte: »Wenn das Tuch blutig wird, so ist mir Unglück widerfahren.« Dann zog er fort. Und als der König am nächsten Tag vorbeikam, sah er nur noch zwei Kinder auf dem Wasser reiten.

Als der älteste Knabe ein Stück weit geritten war, sah er einen großen Baum und ein kleines Häuschen daneben. Unter dem Baum saß ein alter Mann mit langem Haar und einem ganz vom Bart zugewachsenen Gesicht. Der Alte mahnte ihn immer und immer wieder umzukehren. Aber der Knabe blieb. Er schnitt dem alten Mann Bart und Haar. Nun führte ihn der Alte an einen Berg.

Vor dem Berg banden sie das Pferd des Jünglings an, und der Greis sagte: »So zieh denn hinauf! Denn auf dem Berge findest du, was du suchst: springendes Wasser, sprechenden Vogel und singenden Baum. Ich bin der Mann, der den sprechenden Vogel füttern muss. Aber was auch geschieht, du darfst dich nicht umschauen, sonst steht sogleich dein Leichenstein da, wie dort am Berge schon Tausende von Leichensteine stehen. Auf jedem Leichenstein stehen die letzten Gedanken des Menschen, und so werden auch deine letzten Gedanken auf dem Leichenstein stehen, wenn du dich umschaust. Also schau dich nicht um!«

Der Knabe begann nun, den Berg hinaufzusteigen. Als er aber eine Strecke weit hinauf war, hörte es sich an, als ob hinter ihm Tausende von Bären brüllten und Millionen von Schlangen zischten. Er blieb jedoch standhaft und schaute sich nicht um. Plötzlich aber war ihm, als ob sein Bruder hinter ihm seinen Namen riefe, und er drehte sich um. Sogleich war er sein eigener Leichenstein, auf dem standen seine letzten Gedanken an seinen Bruder.

Kaum war dies geschehen war, wurde das Tuch am Schloss mit dem Wassergraben ganz blutig, und Bruder und Schwester wussten, dass ihm ein Unglück widerfahren war. Und schon kam auch die böse Schwester ihrer Mutter wieder, und meinte zum zweiten Bruder, er solle seinem Bruder zu Hilfe eilen, der ausgezogen sei, springendes Wasser, sprechenden Vogel und singenden Baum zu holen. Sie hoffte, dass er ebenfalls umkommen würde. Da nahm der zweite Bruder das Tuch von der Stirn, hing es ans Schloss und sprach: »Wenn das Tuch blutig wird, so ist mir Unheil widerfahren.« Und damit machte er sich auf den Weg und zog seinem Bruder nach. Und als der König am nächsten Tag wieder auf die Jagd zog, sah er nur noch das Mädchen ums Schloss reiten.

Der zweite Bruder kam zu dem alten Mann, der wieder unter dem Baum saß, und der drängte ihn, zu seiner Schwester zurückzukehren. Er aber ließ sich nicht zurückhalten. Der alte Mann gab ihm Wolle, die musste er in die Ohren stopfen, damit er so wenig als möglich hören konnte, wenn er auf den Berg stieg, und er mahnte ihn, sich nicht umzuschauen. Er führte ihn nun wieder an den Berg, auf dem sich die drei Dinge befanden. Am Fuß des Berges banden sie sein Pferd an, und der Alte ermahnte ihn nochmals, sich nicht umzuschauen. Der zweite Bruder begann nun den Berg emporzusteigen und gelangte bis an seines Bruders Leichenstein. Da weinte er bitterlich. Es fühlte sich so an, als zögen ihm unzählige Schlangen am Rock. Doch er ging weiter. Plötzlich war es ihm, als riefe hinter ihm seine Schwester. Da drehte er sich um und war in einen Leichenstein verwandelt, und auf dem standen seine letzten Gedanken an seine Schwester.

Am Schloss wurde nun auch das zweite Tuch blutig. Und schon kam die böse Schwester ihrer Mutter wieder und forderte nun auch das Mädchen auf, ihren Brüdern zu Hilfe zu eilen, welche ausgezogen waren nach springendem Wasser, sprechendem Vogel und singendem Baum. Oh, wie sie hoffte, dass das Mädchen auch noch umkommen würde. Da ritt das Mädchen fort, fand den Greis unter dem Baume, und er sprach: »Ich zweifle sehr, dass es dir gelingen wird, deine Brüder zu retten, und das springende Wasser, den sprechenden Vogel und den singenden Baum zu erlangen, denn es stehen dort am Berge schon die Leichensteine unzähliger mutiger Ritter, die nach den drei Dingen auszogen sind, und es doch nicht schafften, unverzagt nach vorne zu schauen. Willst du dich aber nicht zurückhalten lassen, so nimm hier von meinen Haaren und verstopfe dir die Ohren damit, denn die Wolle, die ich deinem zweiten Bruder gegeben habe, scheint sein Ohr nicht genug geschützt zu haben vor den falschen Stimmen am Berge.«

Der Greis begleitete das Mädchen wieder bis an den Fuß des Berges, und die Jungfrau begann, den Berg hinaufzusteigen. Mit betrübtem Herzen las sie, was an den Leichensteinen ihrer Brüder stand. Dann fasste sie wieder Mut und ging weiter, und wie viel tausend Schlangen auch nach ihrem Kleid schnappten und was auch immer sich hinter ihr bewegte und lärmte, sie ging ohne sich umzuschauen weiter, immer weiter. So gelangte sie zu der Stelle, wo das springende Wasser gar lustig sprang, der singende Baum seine Lieder sang und der sprechende Vogel in einem Käfig hing.

Als der sie sah, wurde er ganz wild, als wolle er sie töten. Sie aber legte die Hand auf den Kopf des sprechenden Vogels, da wurde er ganz zahm und freundlich und sprach: »Nun sind deine beiden Brüder gerettet, tu' nur, was ich dir sagen werde und nimm mich mit. Hier unter meinem Käfig steht eine Flasche, die schöpfe voll aus dem springenden Wasser, und brich einen Zweig vom singenden Baum ab und bewahre alles gut. Wenn es in fremde Hände kommt, ist alles verloren.« Als die Jungfrau getan hatte, was der Vogel ihr gesagt hatte, nahm sie den Käfig mit dem sprechenden Vogel und stieg mit dem Vogel, dem Zweig und der gefüllten Flasche den Berg hinab. Wie sie an die Leichensteine ihrer Brüder kamen, hieß der Vogel sie, die Steine mit seinem Speichel zu bestreichen. Kaum hatte sie das getan, waren ihre Brüder sogleich wieder lebendig und stiegen mit ihr den Berg hinab. Wie sie an die Hütte des Greises kamen, lag der unter dem Baum in einem Sarg und neben ihm stand sein Leichenstein, daran war sein letzter Gedanke geschrieben: »Ich habe genug gelebt.«

Als die drei Geschwister in ihren Garten zurückkehrten, fanden sie dort den König, der traurig die drei Tücher betrachtet hatte, von denen zwei blutig waren, obwohl er nicht wusste, was es bedeutete. Der sprechende Vogel gab sogleich die Stelle in dem Garten an, wo er hingehängt werden wollte, wo das Wasser hingegossen werden müsse und wo der Zweig vom singenden Baum hingesteckt werden solle. Als alles so geschehen war, sprang das Wasser als der köstliche Springbrunnen in die Luft, und der Baum, der aus dem Zweig sogleich hervorgewachsen war, machte die schönste Musik.

Da hatte der König eine große Freude am springenden Wasser und am singenden Baum, aber der kluge Vogel sprach zu ihm: »Erkennst du nicht an den drei goldenen Kreuzen auf der Stirn dieser Kinder, wer sie sind? Lass nur nachsuchen am Wasser, so wirst du noch die drei Kästen finden, in denen deine falschen Schwägerinnen deine Kinder ausgesetzt haben. Danke Gott, dass sie noch erhalten sind! Eile, deine unschuldige Frau, die du hast einmauern lassen, wieder zu dir zu nehmen, drücke die Jünglinge und die Jungfrau als deine leiblichen Kinder ans Herz und lass deine falschen Schwägerinnen von vier Pferden zerreißen.«

Wie die drei Kästchen gefunden waren, da war das Schloss mit dem tiefen Graben verschwunden. Doch der Garten mit dem sprechenden Vogel, dem singenden Baum und dem springenden Wasser blieb, und die Kinder gingen darin oft mit ihrem Vater und ihrer Mutter, die der König sogleich befreit und um Verzeihung gebeten hatte, spazieren. Seine bösen Schwägerinnen aber ließ der König von vier Pferden zerreißen.

Märchen aus Deutschland

Bäume als beschützende Zuflucht und Heimat

Das Lorbeerkind

Es war einmal ein Mann und eine Frau, die bekamen keine Kinder. Die beiden waren darüber sehr betrübt. Schließlich baten sie den lieben Gott, er möchte ihnen ein Kind geben und wäre es auch nur ein Lorbeerkern. Der liebe Gott erhörte ihr Gebet, und der Leib der Frau wurde gesegnet. Als aber ihre Zeit herankam, da gebar sie einen Lorbeerkern. Die Frauen, die ihr beistanden, merkten es nicht, so klein war er. Sie trugen den Lorbeerkern mit dem Weißzeug zur Wäsche. Während sie wuschen, fiel der Lorbeerkern auf die Erde, und es wuchs daraus ein Lorbeerbaum, golden war er und seine Zweige glänzten wie die Sonne.

Von weit und breit kamen nun die Prinzen herbei, um diesen goldenen Lorbeerbaum zu sehen. Einer der Prinzen schlug sein Zelt hart an der Wurzel des Baumes auf. Dann ging er mit den anderen Prinzen auf die Jagd. Sein Koch blieb zurück, um die Speisen zu bereiten. Als der Koch fertig war, ging er auch weg, um sich ein wenig umzusehen.

Da rief es im Baum: »Mein Lorbeer von oben, mein Lorbeer von unten, tue dich auf, damit ich heraus kann.« Die Rinde des Baumes öffnete sich und heraus kam ein wunderschönes Mädchen. Das Mädchen sah sich überall um und aß von allen Speisen ein wenig. Dann nahm es eine Handvoll Salz, versalzte alles, ging wieder zum Baum und sprach: »Mein Lorbeer von oben, mein Lorbeer von unten, tue dich auf, damit ich hinein kann!« Der Baum öffnete sich und sie schlüpfte hinein.

Am Mittag kam der Prinz zurück, um zu essen. Aber die Speisen waren so versalzen, dass sie ungenießbar waren. Da packte er seinen Koch und wollte ihn töten. Der Koch aber jammerte und schrie: »Gnade, Gnade, o Herr! Ich bin unschuldig, ich war es nicht!« Da kamen auch die anderen Prinzen herbei und baten für den Koch, er solle ihn leben lassen und ihm verzeihen.

Am nächsten Tag tat der Koch kein Körnchen Salz in die Speisen. Als er fertig war, ging er wieder fort. Wieder rief es im Baum:

»Mein Lorbeer von oben, mein Lorbeer von unten, tue dich auf, damit ich herauskann.« Das Mädchen kam heraus und machte es genauso wie am Tag zuvor. Als der Prinz zurückkam und essen wollte, waren die Speisen noch versalzener als vorher. Da wusste der Prinz, dass es nicht sein Koch gewesen sein konnte, sondern dass jemand anderes ihm diesen Streich spielte. Deswegen schimpfte er diesmal nicht mit dem Koch, sondern sagte zu ihm: »Wenn du morgen das Essen gekocht hast, so geh' weg und ich will hierbleiben, um zu sehen, wer das macht.«

Also ging der Koch am nächsten Tag, nachdem er fertig war, wieder weg. Der Prinz versteckte sich hinter dem Lorbeerbaum. Da hörte er plötzlich eine Stimme: »Mein Lorbeer von oben, mein Lorbeer von unten, tue dich auf, damit ich heraus kann!« Und darauf trat das Mädchen aus dem Baum und aß von allen Speisen. Der Prinz beobachtete das schöne Mädchen. Aber als sie nach dem Salz griff, sprang der Prinz hervor, fasste sie, und sagte: »Also du bist's, die mir das antut?!« Er trug sie in sein Zelt und umarmte sie und küsste sie. Dann aber tat er so, als wollte er ein bisschen spazieren gehen, und ließ sie dort allein.

Das Mädchen lief zu seinem Baum und sprach: »Mein Lorbeer von oben, mein Lorbeer von unten, tue dich auf, damit ich hinein kann!« Der Baum aber antwortete: »Du bist gezwickt, du bist geküsst, in den Baum kommst du nimmermehr!« Und nachdem der Baum das gesagt hatte, vertrocknete er. Als der Prinz sah, dass der Baum vertrocknet war, wunderte er sich. Er ging mit dem Mädchen in das Zelt zurück und koste mit ihr, und am Abend ließ er Zitronen- und Apfelsinenzweige schneiden und das Lager daraus bereiten. Aber nachdem das Mädchen eingeschlafen war, machte er sich heimlich auf und ließ sie zurück.

Am anderen Morgen erwachte das Mädchen und konnte den Prinzen nicht finden. Da machte sie sich auf, um ihn zu suchen. Unterwegs begegnete sie einem Derwisch, zu dem sprach sie: »Lieber Vater, wenn ich dir meine goldenen Kleider gebe, gibst du mir dafür die deinen und dein Pferd?« »Meinetwegen«, erwiderte der Derwisch. Sie tauschten also ihre Kleider, und das Mädchen stieg auf das Pferd und trieb es so wacker an, dass es den Prinzen einholte.

Der Prinz erkannte das Mädchen in den Derwischkleidern nicht, aber der Derwisch gefiel ihm und so sagte er zu ihm: »Erzähle mir doch, was du auf deinem Wege gesehen hast.« Und sie antwortete: »Ich sah ein Mädchen, welches weinte, seufzte und sagte: ›Ihr Zitronen- und Orangenzweige, was habt ihr mir angetan, dass ich mein Glück verloren?‹« Als das der Prinz hörte, seufzte er. Nachdem sie ein gutes Stück weiter geritten waren, fragte der Prinz dasselbe, und er erhielt dieselbe Antwort, und wieder seufzte er.

Der Prinz gewann den falschen Derwisch lieb, er lud ihn ein, mit ihm nach Hause zu gehen, und sagte: »Ich bin verlobt und halte demnächst Hochzeit, und ich möchte dich dabeihaben.« Sie zogen also miteinander weiter, und wie sie ankamen, gab der Prinz dem Derwisch ein besonderes Gemach.

Bald darauf aber begann die Hochzeitsfeier und man brachte die Braut herbei. Da versteckte sich das Lorbeerkind in dem Wandschrank des Saales, wo das Paar getraut werden sollte, zog die Derwischkleider aus und legte goldene Kleider an. Als sie fertig war, leuchtete sie wie die Sonne. Sie trat aus dem Schrank und verbreitete einen solchen Glanz, dass alle geblendet waren. Als der Prinz sie erblickte, da erkannte er sie und sagte zu den Schwiegereltern: »Nehmt die Braut wieder mit nach Hause, denn ich will mit diesem Stern leben, so wie ich es gewohnt bin.« Und darauf wurden sie getraut und lebten glücklich miteinander, der Prinz und das Lorbeermädchen.

Märchen aus Griechenland

Von den Teufelchen auf dem Eichenbaum

Wohnten im Dorf zwei Bauern, Nachbarsleute, beide arm, ohne Kind und Kegel – schlau war der eine, den's immer kitzelte, zu stehlen und den lieben Nächsten um das Seine zu prellen; wie's Gott gefällt, lebte der andere und mühte sich, sein dürftiges Leben durch redliche Arbeit zu fristen.

Eines Tages stritten sich die beiden, ob es besser sei: zu lügen und zu trügen, oder mühselig, aber ehrlich seine Tage zu verbringen. Der eine sagte: »Ehrlichkeit ist ein Hungerleider, so ein schäbiger Gesell, der's nicht lange macht.« Sagte der andere: »Lieber tot sein, als in der Lüge leben. Ich wollt's nicht, Gevatter, wollt's nicht, und säße ich auch, wie ich da bin, im Butterfass und brauchte nur zuzugreifen!«

Sie stritten und stritten, und keiner gab dem andern nach, und als sie soviel gesprochen hatten, dass nichts mehr zu sprechen war, beschlossen sie, in die Welt zu wandern und an allen Ecken zu fragen, wie man leben müsse.

Wie sie nun so gehen, sehen sie einen Bauern, der pflügt. »Gott zum Gruß, guter Mann! Kannst du nicht unsern Streit entscheiden? Sage uns, ob es besser sei: zu lügen und zu trügen, oder mühselig, aber ehrlich seine Tage zu verbringen?« »Nein, Brüderchen, kein Mensch ist imstande, sein Leben lang ehrlich zu leben, mit der Lüge geht's schon eher.« »Siehst du, ich habe recht!«, sagt der Lügenpeter.

Wie sie weiter gehen, begegnet ihnen ein Kaufmann in einer mit Waren vollgepfropften Kibitka, ein überdachter Bretterwagen, die ein paar feiste Pferde ziehen. Unsere Bäuerlein nähern sich der Kibitka, grüßen und sagen: »Nichts für ungut, wir kommen zu dir mit einer Bitte. Kannst du nicht unseren Streit entscheiden? Sage uns, ob es besser sei: zu lügen und zu trügen, oder mühselig, aber ehrlich seine Tage zu verbringen.« »Nein, Kinderchen, ehrlich zu leben ist ein schweres Stück Arbeit, mit ein bisschen Lug und Trug geht's schon eher. Man täuscht uns ja – müssen wir denn da nicht auch täuschen?« »Siehst du, ich habe recht!«, sagt der Lügenpeter.

Wie sie weiter gehen, begegnet ihnen ein herrschaftlicher Amtmann. Unsere Bäuerlein nähern sich ihm, grüßen und sagen: »Mit Verlaub, wir kommen zu dir mit einer Bitte. Kannst du nicht unseren Streit entscheiden? Sage uns, ob es besser sei: zu lügen und zu trügen, oder mühselig, aber ehrlich seine Tage zu verbringen.« Wie da der Amtmann zornig wird! »Was kommt ihr mir mit Geschwätz! Was gibt es jetzt für Recht auf der Welt, he? Für Rechttun kann man dahin geschubbst werden, wohin nicht einmal der Rabe Knochen trägt!« »Nicht du, ich behalte recht!«, sagt der Lügenpeter.

Der Redliche meint noch immer, es sei besser, ehrlich zu sein. »Du willst es noch weiter versuchen? Nun, meinetwegen. Komm nur. Wir werden ja sehen, wer von uns satter sein wird, du von deinem Rechttun oder ich von meinem Lug.« »Gott wird mich nicht verlassen!«, antwortet der Redliche.

Sie gingen weiter, und wohin sie auch kamen, überall war es, als käme das Glück dem Lügenpeter entgegen: Er wusste mit jedem zu verkehren, wusste sich in alles zu schicken, Essen und Trinken reichte man ihm und Zehrung für den Weg. Mit dem Redlichen aber war es anders bestellt: Wo er Arbeit fand, da aß er sein Stückchen trockenes Brot, und Wasser trank er dazu, und er hungerte, wenn er keine Arbeit fand. Der Lügenpeter lachte ihn aus.

Eines Tages nun, da war der Redliche so ausgehungert, dass er es nicht mehr aushalten konnte und den Kameraden bat: »Gib mir ein Stückchen Brot!« »Lass mich dir ein Auge ausstechen«, antwortete der Falsche, »dann werde ich dir zu essen geben.« »Was ist da zu machen? Stich aus, wenn du kein Gewissen hast.« Da stach der Lügenpeter dem Redlichen ein Auge aus, und gab ihm doch nur so viel Brot, dass sein Hunger nur für kurze Zeit gestillt wurde. Welche Qualen duldete der Redliche! Aber dennoch ließ er nicht von seinem Sinn und vermochte es nicht über sich, dem Kameraden recht zu geben.

Es verfloss nicht viel Zeit, und wieder hungerte den Armen. Wie er sich auch mühte, er konnte sich keine Arbeit, kein Brot verschaffen. Wieder kam er zum Lügenpeter, grüßte und bat ihn im Namen Christi um ein Stückchen Brot. Der Lügenpeter machte sich über ihn lustig. »Gut«, sagte er, »ich werde dich füttern, lass mich dir aber auch das andere Auge ausstechen!« »Habe Mitleid mit mir, Brüderchen, dann werde ich ja blind sein.« »Was tut's? Dafür bist du ja der Redliche.« »Stich aus, wenn du die Sünde nicht fürchtest.« Und der schlechte Kamerad stach dem Armen das zweite Auge aus, gab ihm ein Häppchen Brot und stieß ihn auf den Weg.

Der Arme tappte weiter und aß sein kummervolles Brot. Er ging und ging, irrte, verirrte sich, wusste nicht, wohin er sich wenden sollte. Plötzlich hörte er an seinem Ohr einer fremden Stimme freundlichen Klang. »Gehe rechts«, hallte es ihm zu, »wirst an eine rieselnde Quelle kommen, trinke daraus; benetze auch mit dem Wasser deine Augen, dann wirst du wieder sehend werden. Darauf klettre auf den Eichenbaum, an dessen Fuß die Quelle sprudelt, und im Baum verbirg dich die lange Nacht. Was du sehen und hören wirst, merke dir genau!«

Der Gerechte kommt an die rieselnde Quelle, trinkt Wasser, benetzt seine Augen und wird sehend. Und er sieht: An der Quelle steht ein alter, ganz alter, weitverzweigter, riesenhafter Eichenbaum, und darunter wächst kein Hälmchen, rund herum ist die Erde ganz glatt gestampft.

Auf den Eichenbaum klettert der Redliche und versteckt sich in den mächtigen Zweigen. Wie es schummrig wird, wie es dunkel wird, fliegen Teufelchen von allen Ecken und Enden der Erde unter den Eichenbaum, in unabsehbarer Menge fliegen sie heran und halten Versammlung wie im Winter um den Vogelherd die hungrigen Birkhühner. Sie klatschen wie alte Weiber, sie erzählen einander, wo ein jeder gewesen und was er vollführt hat. Der im Baum hört, wie ein Teufelchen erzählt: »Bei der Zarewna in der nächsten Stadt bin ich gewesen. Quäle sie schon seit zehn Jahren mit böser Krankheit. Blut zapfen sie ihr ab, elende Tränke brauen sie, bittre Pulver mischen sie, kneten Teig zu Pflastern. Aber alles umsonst, sie können sie doch nicht heilen. Heilen kann sie nur das Heiligenbild, das im Hause des reichen Kaufmanns in der Stadt über der Pforte im schwarzen Schrein hängt.«

Kaum dämmerte der Morgen, da stieg der Bauer vom Eichenbaum und ging in die benachbarte Stadt, streifte umher und fand das Haus, in welchem über der Pforte im schwarzen Schrein das Heiligenbild hing. Er verdingte sich beim Kaufmann als Arbeiter und sagt ihm: »Ich will keine Bezahlung von dir, aber gib mir als Lohn jenes Heiligenbild, das über deiner Pforte im schwarzen Schrein hängt.« Der Kaufmann willigt ein und nimmt den Bauer als Arbeiter zu sich.

Ein Jahr arbeitet der Redliche, soviel er nur vermag. Und als das Jahr vergangen ist, geht er zum Kaufmann und bittet ihn um das Heiligenbild über der Pforte aus dem schwarzen Schrein. »Brüderchen«, sagt der Kaufmann, »mit deiner Arbeit bin ich wohl zufrieden, aber um das Heiligenbild ist es mir leid. Sei gescheit, Brüderchen, lass mir das Heiligenbild und nimm das Geld.« »Ich brauche nicht dein Geld. Gib mir das Heiligenbild, wie wir es abgemacht haben.« »Nein, ich mag es jetzt nicht hergeben. Willst du es haben, so arbeite noch ein Jahr bei mir!«

Der Redliche arbeitet noch ein Jahr, soviel er nur vermag. Und als das Jahr vergangen ist, kommt er zum Kaufmann und bittet ihn um das Heiligenbild über der Pforte aus dem schwarzen Schrein. Der Kaufmann ließ ihn jedoch noch ein drittes Jahr arbeiten.

Und so arbeitet der Redliche noch ein drittes Jahr. Und als das dritte Jahr vergangen ist, nimmt – wohl oder übel – der Kaufmann das Heiligenbild aus dem Schrein, überreicht es dem treuen Arbeiter und gibt ihm noch obendrein zu essen und zu trinken und Zehrung auf den Weg.

Sobald der Redliche das Heiligenbild bekommen hat, geht er sogleich zur Zarewna, die das Teufelchen mit böser Krankheit schon so lange quält. Er bietet an, sie ohne Belohnung zu heilen, und sobald er nur das heilige Bild in ihr Zimmer getragen hat, steht die Zarewna vom Bett auf, als ob ihr nie etwas gefehlt hätte.

So erfreut sind Zar und Zaritza, dass sie gar nicht wissen, wie sie den redlichen Mann belohnen sollten: Sie bieten ihm Land und Leute und großen Reichtum. Nichts nimmt er. Da spricht die Zarewna zu Vater und Mutter: »Dieser Mann ist mein Retter und Wohltäter, ich will ihn zum Manne nehmen.« Zar und Zaritza willigen ein, und der Wohltäter sagt auch nicht nein, und am selben Abend werden er und die Zarewna getraut.

Fröhlich lebt er nun und ist guter Dinge: Zarische Kleider trägt er, in zarischen Gemächern wohnt er, mit zarischen Rossen fährt er, trinkt und isst vom zarischen Tisch alles, was am besten ist. Er vergisst aber nicht im fröhlichen Leben seiner armen Heimat, und auch nicht in der armen Heimat sein Mütterchen. Er sagt zu seiner Frau: »Fahren wir in meine Heimat, mein Mütterchen zu besuchen.« »Gut«, sagt die Frau.

Sie setzen sich in den Wagen und fahren und fahren, und wie sie nicht mehr weit von der Heimat entfernt sind, kommt ihnen auf dem Weg der Lügenpeter entgegen. Da lässt der zarische Schwiegersohn die Pferde halten und sagt: »Sei gegrüßt, Brüderchen!« Der erkennt ihn gar nicht. »Bin doch dein Nachbar, Brüderchen, derselbe, mit dem du gestritten hast, ob es besser sei: zu lügen und zu trügen, oder mühselig, aber ehrlich seine Tage zu verbringen. Du siehst: Auch mir ist es geglückt. Ich lebe als ein redlicher Kerl und bin fröhlich!«

Und er erzählt dem Lügenpeter, ohne auch nur das Geringste zu verheimlichen, alles nach der Reihe: Wie er aus der Quelle getrunken, wie er mit dem Quellwasser die Augen benetzt, wie er im breiten Gezweig des Eichenbaumes den Teufelchen zugehört – alles, alles erzählt er.

Der Lügenpeter merkte sich alles ganz genau. Und sobald die zarische Karosse weitergefahren war, machte er sich auf den Weg, jenen Eichenbaum aufzusuchen, in dessen breitem Gezweig der Kamerad sein Glück erhorcht hatte. Zu seinem Unglück fand er auch die Quelle und den Eichenbaum. Aus der Quelle trank er und benetzte sein Gesicht, und dann kletterte er auf den Baum und erwartete die lange Nacht. Er denkt: »In dem Teufelsammelsurium werde ich so eine Sache ablauschen, dass ich mich noch weit besser einrichte als der Nachbar.«

Wie es schummrig wird, wie es dunkel wird, fliegen Teufelchen von allen Ecken und Enden der Erde unter den Eichenbaum, in unabsehbarer Menge fliegen sie heran und halten Versammlung wie im Winter um den Vogelherd die hungrigen Birkhühner. Und zu klatschen und zu tratschen fangen sie an. Aber die Rede stockt, denn sie riechen's heraus, dass einer auf dem Eichenbaum sitzt und ihr

Gerede belauscht. Sie ziehen, sie zerren den Lügenpeter herunter, in Krümelchen zerstäuben sie ihn, dass man auch gar nichts mehr von ihm auffinden konnte.

Und der zarische Schwiegersohn nahm sein Mütterchen zu sich, führte sie in die blinkenden Gemächer und verlebte mit ihr und seiner Frau fröhliche, selige Tage.

Märchen aus Russland

Der Blinde

Es war einmal ein reicher Herr, sehr reich war er, doch er hatte sein Augenlicht verloren und sah höchstens einen matten Schein, wenn das Tageslicht kam. Er hatte zwei Kameraden, die mit ihm umherliefen, ihn in die Wirtshäuser führten und anstatt seiner mit den anderen Gästen spielten. Zahlen tat alles der Blinde, und es war ihm gleich, wie viel er blechen musste, wenn es nur recht lustig herging.

Die zwei meinten es aber nicht redlich mit ihm. Eines Tages redeten sie untereinander: »Wie wäre es, wenn wir ihn einmal viel Geld mitnehmen hießen, ihn dann tief in den Wald hineinführten, ihm das Geld abnehmen und davonlaufen würden. Sicher werden ihn die wilden Tiere auffressen, und kein Mensch weiß etwas davon.« Dieser Plan gefiel beiden über die Maßen, und sie gingen bald zu ihm und sagten: »Da draußen im Wald ist ein neues Wirtshaus, da stellen die Wirtsleute allerlei Lustbarkeiten an, um die Leute hinzulocken. Weil es gar so lustig hergeht, müssen wir auch dabei sein. Nimm nur tüchtig Geld mit, und wir wollen uns gut unterhalten.« Dem Blinden war's recht, er sagte, sie sollten zur bestimmten Zeit nur kommen und ihn abholen. So kamen die zwei, holten ihn ab und fragten ihn, ob er auch viel Geld bei sich habe. »Ja«, sagte er, »Geld habe ich genug eingesteckt, geht nur und führt mich hinaus.« Da fassten sie ihn unter den Armen, führten ihn hinaus und taten noch freundlicher mit ihm als sonst. Als sie aber im Wald waren, da führten sie ihn ins dichteste Gesträuch, fielen über ihn her, nahmen ihm das Geld weg und rannten davon.

Jetzt stand der Blinde allein und verzagt im Wald und wusste nicht, was tun. Er krabbelte nach allen Seiten herum, erreichte aber nichts als Fichten und Hecken. Bald verschwand aller lichter Schein vor seinen Augen, und er merkte, dass die Nacht herankam. Da ergriff ihn Furcht, und er dachte, wenn er dort auf dem Boden bliebe, so würden ihn die wilden Tiere auffressen. Er wünschte, auf einen Baum zu kommen, in der Hoffnung, dass nach überstandener Nacht vielleicht jemand kommen und ihn retten würde. Er tastete also herum, bis er einen geeigneten Baum gefunden hatte, fasste ihn und schwang sich hinauf. Er kletterte noch ein Stück empor, setzte sich auf einen Ast und hielt sich am Stamm fest. So wartete er ab, was kommen würde.

Er brauchte auch nicht lange zu warten, da erhob sich ein schreckliches Geräusch und Getöse. Der Lärm kam immer näher, bis an den Baum, auf dem der Blinde saß. Am Fuße des Baumes lagerten sich drei große Würmer, die waren so ungestüm dahergepoltert, und nun fingen sie an, miteinander zu reden. Der Linkwurm sagte zum Rechtwurm: »Rechtwurm, was weißt du heute Neues?« Der Rechtwurm antwortete: »Ich weiß, heute Nacht wird ein Tau fallen, und wenn die Blinden es wüssten und sich damit waschen würden, so könnten sie alle ihr Augenlicht wiederbekommen.« Dann sagte der Rechtwurm zum Linkwurm: »Linkwurm, was weißt du heute Neues?« Der Linkwurm antwortete: »Ich weiß, heute Nacht haben die Hexen dem Bauern da drüben das Vieh krank gemacht. Aber wenn der Bauer wüsste, dass oberhalb des Hauses ein Wasser entspringt, und gäb er dem Vieh davon zu trinken, es würde wieder gesund.« Dann sprach der Linkwurm zum Haselwurm: »Haselwurm, was weißt du heute Neues?« Der Haselwurm antwortete: »Ich weiß nur, dass in der ganzen Stadt das Wasser ausgeblieben ist. Die Leute müssen weit gehen, wenn sie welches haben wollen, und in der Stadt ist das Wasser teurer als der Wein. Wüssten sie aber, was ich weiß, so wäre ihnen bald geholfen. Mitten durch die Stadt fließt ein Bach, so groß wie ein Mühlbach, und sie brauchten gar nicht tief zu graben, um ihn zu erreichen.«

Diese Reden der Würmer merkte sich der Blinde gut. Er konnte es kaum erwarten, bis er herabsteigen und sich die Augen mit dem Tau waschen konnte. Endlich erhob sich am Fuß des Baumes wieder Lärm, und die Würmer entfernten sich mit dem gleichen Getöse, mit dem sie gekommen waren.

Bald darauf merkte der Blinde einen matten Schein, und er spürte, dass der Tag anzubrechen begann. Nun kletterte er vorsichtig mit Händen und Füßen vom Baum herunter. Sobald er drunten war, griff er mit beiden Händen zu Boden, um zu erfahren, ob wirklich Tau gefallen war. Er fühlte sogleich, dass Gras und Gesträuch vom Tau reichlich befeuchtet waren. Er benetzte seine Hände damit und strich sich mit den feuchten Händen über die Augen. Da wurde es schon heller vor seinen Augen, und er konnte dunkle Umrisse sehen. Er griff nochmals in den Tau, wusch sich nochmals die Augen damit und noch mal, und alsbald sah er so gut, als ob er nie blind gewesen wäre. Es war ein glasklarer Morgen, und er konnte sich an dem blauen Himmel und der grünen Erde beinahe nicht satt sehen.

Doch dann fing er an nachzudenken, was er nun tun sollte. »Meine beiden Kameraden, die will ich erst einmal in Ruhe lassen, die sollen mein Geld nur verprassen, ich besorg mir schon wieder welches. Und am besten ist es wohl, ich gehe zuerst zu dem Bauern, dem die Hexen das Vieh krank gemacht haben.« Wie gedacht, so getan.

Er machte sich auf und ging zu dem Hause des Bauern. Der Bauer begegnete ihm und machte ein mürrisches Gesicht. Der ehemalige Blinde aber grüßte ihn mit einem freundlichen »Guten Morgen!« »Von wegen guter Morgen«, gab ihm der Bauer zurück, »woher denn ein guter Morgen, wenn das Vieh krank ist?« »Dein Vieh ist krank?«, fragte der Herr. »Oh, wenn es weiter nichts ist, so kann ich dir helfen.« »Ja, wenn du helfen kannst, so will ich dir zahlen, was du begehrst.« Der Herr nannte eine große Summe und versprach noch einmal, das Vieh gesund zu machen. Dann ging er ein Stück oberhalb des Hauses hinauf, suchte dort nach und fand wirklich ein sprudelndes Wasser. Davon ließ er etwas in den Stall tragen und dem Vieh zu trinken geben. Kaum hatten die Tiere davon getrunken, so wurden sie gesund, und kein Mensch merkte, dass ihnen etwas gefehlt hatte. Der Bauer freute sich gewaltig darüber, und er gab dem Herrn noch viel mehr zum Lohn, als er verlangt hatte. So waren beide zufrieden und der Herr ging seines Weges.

Er dachte noch nicht daran, nach Hause zu gehen, sondern wollte zuerst der Stadt das Wasser verschaffen. Außerdem konnte er dadurch auch noch seinen Beutel weiter auffüllen. Also ging er in die Stadt und setzte sich in ein Wirtshaus. Die Kellnerin kam und fragte, was er wünsche. »Ich hätte gern einen Wein, aber vor allem will ich ein Glas Wasser.« »Oh, Mensch«, sagte die Kellnerin, »Wasser kann ich dir keins geben. Das Wasser ist bei uns viel teurer als der Wein, weil in der Stadt selber keines fließt und wir es von weither holen müssen.« Der Herr zeigte sich sehr verwundert darüber, sagte aber auch der Kellnerin, sie solle den Wirt rufen und ihm sagen, es sei einer hier, der der Wassernot abhelfen könne. Die Kellnerin ging und kam alsbald mit dem Wirt zurück. Dieser fragte den Herrn, ob er wirklich imstande sei, der Stadt Wasser zu verschaffen. »Oh ja«, sagte er, »geht nur und fragt die Bürger, was sie mir geben wollen, wenn ich ihnen so viel Wasser gebe, dass an eine Not gar nicht mehr zu denken ist.« Der Wirt ging hin und erzählte der Bürgerschaft von dem Herrn, der in seine Schenke gekommen war und der Wassernot abhelfen wolle. Die Bürger waren sehr erfreut darüber, kamen in das Wirtshaus und baten den Fremden, er solle ihnen nur Wasser verschaffen, bezahlen wollten sie ihm, soviel er nur begehre. Da ging er mit den Bürgern hinaus, ließ die Stadt ausmessen und suchte dann die Mitte. Hier stellte er Leute an zu graben, und kaum hatten sie eine Weile gegraben, da hatten sie schon einen Bach entdeckt, der so groß war wie ein Mühlbach. Da hatten die Bürger eine große Freude, und als der Herr seinen Lohn begehrte, zahlten sie ihm noch mehr, als er verlangte, weil sie dachten, so eine Wohltat sei nicht mit Gold aufzuwiegen.

Er hatte nun die Reden aller drei Würmer benützt und beschloss, nach Hause zu gehen. Bevor er zurück zu seinem Haus ging, suchte er das Wirtshaus auf, in das ihn seine Kameraden so oft geführt hatten. Er dachte sich: »Hier finde ich die beiden gewiss. Oh, wie werden die dreinschauen, wenn sie mich mit gesunden Augen sehen.« Er ging in das Wirtshaus, und wirklich, dort fand er die beiden beim Spielen. Er schaute ihnen eine Weile zu, ohne dass sie ihn erkannten, und dann sagte er plötzlich: »Ach, Kameraden, wie geht's? Gewinnt ihr mit meinem Geld?« Die zwei rissen nicht wenig die Augen auf, als sie ihn sahen, und wussten anfangs doch nicht recht, ob er es wirklich war. Er lachte sie tüchtig aus, sprach ihnen Mut zu und erzählte ihnen genau, was ihm seit ihrer Spitzbüberei begegnet war. Nachdem er mit seiner Erzählung fertig war, ging er weg und nach Hause.

Die zwei hatten sich gut gemerkt, was er von den drei Würmern gesagt hatte, und sie sprachen zueinander: »Wir gehen auch in den

Wald und lassen uns auch so etwas von den Würmern sagen, dann werden wir ebenso reich und glücklich wie er.« Sie gingen hinaus an den Ort, wo sie ihren blinden Kameraden beraubt hatten, und dort stiegen sie auf einen Baum.

In der Nacht erhob sich wieder ein Getöse, und es kamen drei Würmer herbei. Sie legten sich unter dem Baum nieder, und dann fingen sie an zu reden. Der Linkwurm sprach zum Rechtwurm: »Rechtwurm, was weißt du Neues heute?« Der Rechtwurm sagte: »Heute weiß ich sonst nichts, als dass wir das vorige Mal zu wenig Acht gegeben haben, und da hat's einer gehört und guten Gebrauch gemacht. Wir sollten also heute besser Acht geben, denn heute sind ihrer zwei droben.« Da erhoben sich die Würmer und ringelten sich an dem Baum hinauf. Als sie die zwei mit den Zähnen erreichten, bissen sie sie so lange, bis sie herabfielen. Dann ringelten sie sich wieder herab und brachten sie ganz ums Leben.

Märchen aus Österreich

Lineik und Laufey

In alter Zeit regierte ein König mit seiner Königin über ein großes, gewaltiges Reich. Wie sie hießen, wird nicht erwähnt; sie hatten zwei Kinder, einen Sohn und eine Tochter, welche zur Zeit dieser Erzählung beide schon erwachsen waren. Der Sohn hieß Sigurd und die Tochter Lineik; sie waren beide durch Geist und körperliche Geschicklichkeit ausgezeichnet, so dass man kaum ihres Gleichen finden konnte, so weit man auch danach suchen mochte. Sie liebten einander so innig, dass das Eine nicht ohne das Andere sein konnte, und darum ließ der König ihnen ein großes und prächtiges Haus erbauen und gab ihnen so viele Dienerinnen und Diener, als sie sie nötig hatten.

So verging die Zeit, ohne dass sich etwas Besonderes zutrug, bis die Königin einmal schwer krank wurde. Da ließ dieselbe den König zu sich rufen und sagte zu ihm, sie glaube, dass sie an dieser Krankheit sterben werde.

»Um zwei Dinge«, sagte die Königin, »will ich dich bitten, bevor ich sterbe, und ich hoffe, dass du dieselben beherzigen wirst; erstens, dass du dir, falls du dich wieder verheiraten willst, deine Gemahlin nicht an kleinen Orten oder auf abgelegenen Inseln suchst, sondern in großen Städten oder volkreichen Ländern; es wird dir dies Glück bringen; zweitens, dass du dein ganzes Sinnen darauf legst, auf unsere Kinder Acht zu haben; sie werden dir, denke ich, von allen Menschen am meisten Freude bereiten auf dieser Welt.«

Nachdem die Königin dies gesprochen hatte, starb sie. Dem König ging ihr Tod so sehr zu Herzen, dass er alle seine Regierungsgeschäfte vernachlässigte. Nach Verlauf einiger Zeit trat eines Tages der erste Minister vor den König und erklärte ihm, dass es dem Lande von Schaden sei, wenn er sich noch länger nicht um die Regierung bekümmere und fortwährend um die Königin trauere. »Es ist königlicher«, sagte der Minister, »sich aufzuraffen und seinen

Kummer zu unterdrücken; seht Euch um eine andere Partie um, welche Eurer würdig ist.«

»Das ist eine schwierige Sache«, antwortete der König; »da aber du es bist, der mir diesen Rat gibt, so ist es am besten, dass auch du die Ehre und Mühe auf dich nimmst; ich überlasse es daher dir, mir ein Weib zu suchen, das meiner würdig ist; nur die eine Bedingung stelle ich, dass du sie nicht von kleinen Ortschaften oder abgelegenen Inseln holst.«

Hierauf wurde alles für die Reise vorbereitet; der König gab seinem Minister die beste Ausrüstung und ein prächtiges Reisegefolge mit, und derselbe segelte nun alsbald mit seiner Begleitung ab.

Als sie eine Strecke weit den beabsichtigten Kurs eingehalten hatten, erhob sich ein so dichter Nebel, dass sie nicht mehr wussten, wo sie waren. Einen ganzen Monat lang irrten sie so auf dem Meer umher, bis sie endlich ein Land vor sich liegen sahen, welches sie nicht kannten. Sie fanden hier einen guten Hafen, verließen das Schiff und schlugen Zelte auf. Da aber kein Mensch zu sehen war, glaubten sie, dass es eine öde Insel sei.

Während die Leute sich ausruhten, begab sich der Minister landeinwärts; er war nicht weit gegangen, als er ein so schönes Saitenspiel vernahm, wie er ein solches früher nie gehört hatte. Er ging dem Laute nach, bis er zu einem offenen Platze im Wald kam; hier sah er auf einem Stuhl ein Weib sitzen, welches so reizend und vornehm aussah, dass er glaubte, früher niemals eine solche Schönheit gesehen zu haben; sie spielte so schön auf einer Harfe, dass es eine Wonne war, ihr zuzuhören; zu ihren Füßen aber saß ein liebliches junges Mädchen, welches zu dem Spiele sang. Der Minister grüßte das Weib sehr höflich und dieses erhob sich und erwiderte den Gruß mit großer Freundlichkeit. Sie fragte den Minister um das Ziel und den Zweck seiner Reise, und dieser erzählte ihr hierauf alles, was sich zugetragen hatte.

»Auch mir ist es so ergangen wie eurem König«, sagte das Weib; »ich war verheiratet mit einem angesehenen König, der über dieses Land herrschte; aber Wikinger kamen und erschlugen ihn und unterwarfen sich das Land; ich aber entfloh heimlich mit diesem Mädchen, welches meine Tochter ist.«

Als das Mädchen diese Worte hörte, sagte es: »Sprichst du jetzt die Wahrheit?«

Da gab das Weib dem Mädchen einen Schlag ins Gesicht und sagte:

»Vergiss nicht, was du versprochen hast.«

Der Minister fragte das Weib, wie es heiße. Sie heiße Blauvör, erhielt er zur Antwort, ihre Tochter aber, sagte sie, heiße Laufey.

Der Minister sprach nun eine Zeitlang mit dem Weibe und er merkte bald, dass dasselbe sehr verständig und gebildet sei. Da dachte er bei sich selbst, dass er wohl kaum öfter eine so gute Gelegenheit finden würde, seinem König eine Gemahlin zu verschaffen, als jetzt, und hielt deshalb im Namen des Königs um Blauvör's Hand an. Seine Werbung wurde auch ohne Weiteres angenommen, und Blauvör sagte, dass sie sogleich bereit sei, mit ihm zu reisen; »denn ich habe alle meine Kostbarkeiten bei mir«, sagte sie, »und ich brauche kein anderes Gefolge mit auf die Reise als Laufey, meine Tochter.«

Blauvör und Laufey begaben sich alsbald mit dem Minister nach dem Strande; die Zelte wurden abgebrochen, man bestieg die Schiffe, spannte die Segel auf und fuhr von dannen.

Nun war der Nebel verschwunden und es zeigte sich, dass das Land nur eine öde, mit vielen Klippen umgebene Scheere war; aber Niemand achtete weiter darauf. Sie bekamen guten, starken Fahrwind, und als sie sechs Tage lang gesegelt waren, sahen sie Land vor sich und konnten auch bald die Hauptstadt ihres Königs erkennen. Sie warfen sogleich Anker aus und gingen an's Land.

Der Minister sandte einen Boten in die Stadt, um dem Königs eine Ankunft zu melden; dieser war darüber sehr erfreut, zog seine besten Staatskleider an und begab sich mit einem prächtigen Gefolge nach dem Strande, um seine Braut zu empfangen.

Auf dem halben Wege zu den Schiffen kam ihm schon der Minister entgegen, der an jeder Hand ein Weib führte – beide schön gekleidet und auf das Prächtigste geschmückt. Als der König diese Pracht und diesen Glanz sah, war er ganz außer sich vor Freude, und als er erfuhr, dass die Ältere seine Braut sei, dünkte er sich in den Himmel versetzt, denn diese war die Schönere.

Er begrüßte den Minister wie Mutter und Tochter auf das Freundlichste und vergaß in seiner Freude ganz zu fragen, aus welchem Lande die Braut sei. Er führte die beiden Weiber in die Stadt und ließ prächtige Wohnräume für sie herstellen. Hierauf wurde ein großartiges Hochzeitsfest veranstaltet, zu welchem die vornehmen Männer des Reiches Einladungen erhielten; ob aber auch die beiden Kinder des Königs, Sigurd und Lineik eingeladen wurden, davon wird nichts berichtet; sie hatten auch Blauvör noch gar nicht kennen gelernt, denn der König hatte sie ganz vergessen; er dachte an nichts anderes, als bei seiner zukünftigen Königin zu sitzen und mit ihr zu plaudern.

Die Hochzeit wurde in Lust und Herrlichkeit gefeiert, und als das Fest vorüber war, wurden alle reichlich beschenkt in ihre Heimat entlassen; der König aber oblag nun mit aller Muße den Regierungsgeschäften in seinem Reiche.

So verging einige Zeit, ohne dass sich etwas Bemerkenswertes ereignete. Die Königin half dem König bei seinen Regierungsgeschäften; doch dauerte es nicht lange, so wollten die Leute wissen, dass es dabei nicht ganz richtig zugehe. Die Königin wollte ihren Willen haben und sich in alle Angelegenheiten mischen, und der König sah nun bald ein, dass er mit dieser Heirat keine so gute Partie gemacht hatte, als er anfangs glaubte. Um die beiden Geschwister Sigurd und Lineik kümmerte sich die Königin gar nicht; sie kamen auch nie zu ihr, sondern blieben lieber Tag und Nacht in ihrem eigenen Hause.

Nicht lange nachdem die Königin mit ihrem Gemahl sich die Regierung des Reiches geteilt hatte, fiel es auf, dass von den Hofleuten einer nach dem anderen verschwand, ohne dass jemand begreifen konnte, was aus denselben geworden sei. Der König machte sich jedoch keine Gedanken darüber, sondern nahm sich an Stelle der verschwundenen Hofleute neue auf; und so blieb es einige Zeit hindurch.

Eines Tages aber sagte die Königin zum König, dass es nun wohl an der Zeit sei, im Reiche herumzureisen und die Schatzung zu erheben. »Ich werde schon für die Regierung Sorge tragen, während du fort bist«, sagte sie.

Der König hatte keine große Lust zu dieser Reise, da er aber fast gar keinen eigenen Willen besaß, musste er seiner Königin gehorchen; sie war es, welche das Kommando führte, und ging nicht alles nach ihrem Kopfe, so war sie unausstehlich.

Der König rüstete also einige Schiffe für seine Reise aus, war aber sehr traurig. Als alles für die Abreise vorbereitet war, begab er sich in das Haus seiner Kinder. Da gab es gar freudige Begrüßung zwischen Vater und Kindern; nach einer Weile aber seufzte der König und sagte:

»Wenn ich von dieser Reise nicht mehr zurückkehren sollte, so fürchte ich, dass ihr hier nicht länger sicher sein werdet; ich rate euch daher heimlich zu entfliehen, sobald ihr die Hoffnung auf meine Rückkehr verloren habt. Geht in der Richtung gegen Osten; ihr werdet dann bald zu einem hohen und steilen Berge kommen; wenn ihr denselben gestiegen seid, werdet ihr auf eine lange Bucht stoßen. Am Ende dieser Bucht stehen zwei Bäume; der eine von ihnen ist grün, der andere rot. Sie sind im Inneren hohl und so eingerichtet, dass man sie verschließen kann, ohne dass es von außen bemerkbar ist. Geht jedes in einen dieser Bäume hinein, dann kann euch nichts geschehen.«

Der König nahm hierauf Abschied von seinen Kindern und ging mit schwerem Sinne fort. Er bestieg sein Schiff, ließ die Segel aufspannen und fuhr fort. Nachdem er eine kurze Strecke weit gesegelt war, entstand ein solches Unwetter, dass alle den Mut verloren; zugleich mit dem Sturme rasten Blitz und Donner so fürchterlich, dass niemand sich erinnerte, je solche Schrecken erlebt zu haben. Es braucht nicht erst erzählt zu werden, dass sämtliche Schiffe zu Grunde gingen und der König mit all seinen Leuten umkam.

In derselben Nacht, in welcher der König umkam, träumte Prinz Sigurd, dass sein Vater in triefend nassen Kleidern ins Haus kam, die Krone vom Haupt nahm und dieselbe zu seinen Füßen niederlegte, worauf er wieder schweigend das Haus verließ.

Er erzählte Lineik seinen Traum, und sie ahnten sogleich, was derselbe zu bedeuten habe; sie machten sich zur Reise bereit, rafften ihre Kleinode und Kleider zusammen und verließen heimlich und ohne Begleiter die Stadt, wie ihr Vater ihnen geraten hatte.

Als sie beide dem Berge angelangt waren, blickten sie zurück; da sahen sie, wie die Stiefmutter ihnen folgte; dieselbe hatte ein so schreckliches Aussehen, dass es ihnen schien, als gleiche sie eher einer Riesin als einem Menschenweibe. Am unteren Abhang des Berges lag ein großer Wald, den sie bereits durchschritten hatten; sie kamen daher auf den Gedanken, denselben in Brand zu stecken; bald stand er auch in hellen Flammen, so dass Blauvör nicht vorwärts kommen konnte.

Mit großer Beschwerde kamen sie endlich über den Berg und fanden die Bucht mit den Bäumen, von denen ihr Vater gesprochen hatte. Sie krochen jedes in einen der beiden Bäume, und es traf sich so gut, dass sie zu einander hinüber sehen und sich die Zeit mit Plaudern vertreiben konnten.

Nun wendet sich die Geschichte anderen Begebenheiten zu.

Zu dieser Zeit regierte in Griechenland ein mächtiger und berühmter König, dessen Name nicht mehr bekannt ist; derselbe hatte mit seiner Königin zwei Kinder, einen Sohn und eine Tochter, deren Namen ebenfalls nicht überliefert sind. Diese beiden Kinder waren so reich mit körperlichen und geistigen Vorzügen begabt, dass sich zu jener Zeit nur wenige fanden, die man mit ihnen hätte vergleichen können.

Als der Königssohn in die männlichen Jahre gekommen war, unternahm er Kriegszüge, um sich Ruhm und Vermögen zu erwerben; er brachte auf diese Art mehrere Sommer in der Fremde zu; während des Winters aber blieb er daheim in Griechenland.

Auf seinen Kriegszügen hatte er oft erzählen hören, wie sich Prinzessin Lineik durch ihre Schönheit und ihre sonstigen Eigenschaften vor allen übrigen Weibern auszeichnete; er beschloss deshalb, dieselbe aufzusuchen und um ihre Hand anzuhalten.

Als er sich dem Lande näherte, wusste die zauberkundige Blauvör bereits von seinem Kommen und seiner Absicht; sie und ihre Tochter legten daher ihre prächtigen Kleider an und gingen hinab zum Strande, um den Prinzen zu empfangen.

Dieser begrüßte sie höflich und fragte sie, was sich im Lande Merkwürdiges zugetragen habe.

Da erzählte ihm die Königin weinend und jammernd, dass ihr Mann mit allen seinen Begleitern auf dem Meere umgekommen sei, als er fortsegelte, um in seinen Ländern die Schatzung einzuheben. Sie könne sich vor Kummer über diesen Verlust nicht erholen.

Aber nun fragte der Prinz, wo Lineik sei.

Ja, das sei das junge Mädchen, welches sie da an der Hand führe, antwortete die Königin.

Der Prinz schien über diesen Bescheid nicht übermäßig erfreut zu sein; er hätte sich dieselbe schöner vorgestellt, bemerkte er.

Man brauche sich nicht zu verwundern, wenn sie den Kopf hängen lassen und etwas bleiche Wangen habe, meinte die Königin; sie sei doch von dem doppelten Kummer betroffen worden, Vater und Bruder auf einmal zu verlieren.

Darin habe die Königin recht, fand der Prinz, und so trug er denn seine Werbung vor.

Es kann sich wohl jeder leicht denken, dass er kein »Nein« erhielt.

Er traf sogleich Vorbereitungen zur Abreise mit dem Mädchen, das er ja für Lineik hielt. Die Königin wollte ebenfalls mit ihnen fahren, aber der Prinz gab dies auf keine Weise zu, und so musste sie denn zurückbleiben.

Er war nicht weit ins Meer hinausgekommen, als er in Nebel geriet und den Kurs verlor, und ehe er es selbst wusste, war er in eine lange Bucht hineingekommen. Er ließ sich an einem Boot an Land rudern; am Ende der Bucht sah er zwei wunderschöne Bäume stehen, wie er solche in seinem Leben nie gesehen hatte. Er ließ dieselben umhauen und auf sein Schiff bringen. In demselben Augenblicke zerstreute sich auch der Nebel; die Segel wurden aufgespannt und nun ging's in lustiger Fahrt heim nach Griechenland.

Hier angelangt führte der Prinz seine Braut in die Stadt und ließ ihr alle geziemenden Ehren zu Teil werden; er gab ihr sein eigenes Schlafzimmer zum Aufenthaltsorte während des Tages; die Nacht jedoch musste sie im Frauenhause seiner Schwester zubringen. Die beiden schönen Bäume aber waren dem Prinzen so wert, dass er sie in sein Schlafzimmer bringen und darin aufstellen ließ, den einen am Kopfende, den anderen am Fußende seines Bettes.

Nun sollte alles für die Hochzeit vorbereitet werden. Der Prinz brachte Lineik (die in Wirklichkeit Laufey war) Stoff zu drei Kleidern für ihn, einen blauen, einen roten und einen grünen; diese musste sie fertig genäht haben, bis die Hochzeit stattfinden konnte. Zuerst sollte sie das blaue Kleid in Angriff nehmen, sodann das rote und zuletzt das grüne; dieses aber sollte auch das prächtigste von allen sein, »und ich will dasselbe an unserem Hochzeitstage tragen«, sagte der Prinz.

Laufey übernahm den Stoff und der Prinz ging seiner Wege. Kaum war derselbe aber fort, als Laufey in heftiges Weinen ausbrach; denn Blauvör, diese Hexe, hatte sie nie eine Handarbeit gelehrt; sie hatte ihre Lebtage nie eine Nadel in der Hand gehabt und natürlich am allerwenigsten gelernt mit so kostbaren Stoffen, wie diese waren, umzugehen. Sie konnte sich leicht denken, dass, wenn sie die Kleider nicht zu Stande bringen könne, der Prinz sie mit Spott und Schande zur Türe hinausjagen, ja vielleicht sogar totschlagen werde, und so war sie denn sehr betrübt und traurig.

In den Bäumen saßen, wie schon früher erzählt, die beiden Geschwister Sigurd und Lineik; sie konnten von denselben aus alles sehen, was im Schlafzimmer des Prinzen vorging, und hörten auch Laufeys Seufzen und Klagen. Davon wurde Prinz Sigurd so gerührt, dass er zu seiner Schwester sagte:

»Lineik, Schwester,
Laufey weinet,
Hilf ihr nähen,
Hab' Erbarmen!«
Lineik antwortete:
»Hast du vergessen
Den hohen Felsen,
Den steilen Abhang
Und unten das Feuer?«

Aber endlich ließ sie sich doch von Sigurd überreden; sie kroch aus dem Baume, setzte sich zu Laufey und half ihr nähen. Das erste Kleid war bald fertig, und Laufey zeigte sich nicht wenig erfreut darüber, wie gut ihnen dasselbe von der Hand gegangen war. Lineik ging wieder in ihren Baum hinein, Laufey aber brachte dem Prinzen das Kleid. Er besichtigte dasselbe und sagte:

»Ich habe noch niemals ein so hübsch verfertigtes Kleid gesehen, wie dieses ist; nimm nun das rote in Angriff und lass es um so viel schöner werden, als auch der Stoff dazu kostbarer ist als zu jenem Kleid.«

Laufey kehrte in das Schlafzimmer zurück, setzte sich nieder und begann zu weinen. Da sprach Prinz Sigurd zu seiner Schwester wie das vorige Mal:

»Lineik, Schwester,
Laufey weinet,
Hilf ihr nähen,
Hab' Erbarmen!«
Sie aber antwortete:
»Hast du vergessen
Den hohen Felsen,
Den steilen Abhang
Und unten das Feuer?«

Da geschah es wieder wie früher. Lineik verließ endlich doch den Baum, setzte sich hin und nähte. Sie wendete noch mehr Kunstfertigkeit an dieses Kleid als an das erste; dasselbe war überall mit Goldsäumen und Edelsteinen eingefasst, und als es fertig war, gab sie es Laufey, damit sie es dem Prinzen bringe; sie selbst schlüpfte wieder in ihren Baum hinein. Als der Prinz das Kleid erhielt, betrachtete er dasselbe und sagte:

»Es ist zu gut gearbeitet, um anzunehmen, dass du allein dieses Kleid verfertigt habest. Ich hege den Verdacht, dass mehr Hände als diese damit beschäftigt gewesen sind. Geh nun hin und verfertige den dritten Anzug; ich gebe dir drei Tage Zeit zu dieser Arbeit; aber wie das Gold kostbarer ist als Kupfer, so soll auch dieses Kleid die anderen an Schönheit und Kostbarkeit übertreffen; und ich will dasselbe an unserem Hochzeitstage tragen.«

Laufey ging in das Schlafzimmer zurück, setzte sich nieder und weinte. Da wurde Prinz Sigurd wieder so gerührt von ihrem Seufzen und Weinen, dass er abermals zu seiner Schwester sagte:

»Lineik, Schwester,
Laufey weinet,
Hilf ihr nähen,
Hab' Erbarmen!«
Sie antwortete wie früher:
»Hast du vergessen
Den hohen Felsen,
Den steilen Abhang
Und unten das Feuer?«

Aber sie ließ sich doch zum dritten Male überreden, schlüpfte aus dem Baume und setzte sich zu Laufey, um mit ihr zu nähen. Sie wendete diesmal eine noch größere Sorgfalt und Kunstfertigkeit an, so dass man von dem Stoffe selbst kaum etwas sehen konnte vor lauter Goldborten und teuren Steinen. Am dritten Tage aber, als Lineik und Laufey ahnungslos zusammen arbeiteten, trat plötzlich der Prinz in das Zimmer. Lineik erschrak auf das Heftigste und wollte eilig wieder in ihren Baum schlüpfen; es gelang jedoch dem Prinzen, sie an einem Zipfel ihres Kleides festzuhalten. Er zwang sie, sich an seiner Seite niederzusetzen, und sagte:

»Ich habe längst Verdacht geschöpft, dass es hier nicht mit rechten Dingen zugehe; sag' mir nun, wie du heißt!«

Lineik nannte ihren Namen und erzählte, von welcher Herkunft sie sei. Da warf der Prinz Laufey einen zornigen Blick zu und sagte, sie habe für all' ihre Betrügereien und Lügen den schmählichen Tod verdient.

Das Mädchen fiel dem Prinzen zu Füßen und bat ihn um Schonung. »Ich habe dich mit nichts anderem betrogen als mit den Kleidern«, sagte sie; »Lineik hat mir verboten zu sagen, wer sie verfertigt habe. Und du wirst dich wohl erinnern, dass ich selbst niemals behauptet habe, ich sei Prinzessin Lineik; das war vielmehr meine Mutter – wie sie sich nennt – die diesen Betrug an dir verübt hat.«

Als sie so im besten Gespräche waren, kam auch Prinz Sigurd aus seinem Baume heraus. Da gab es große Freude bei diesem Zusammentreffen, und der Prinz säumte nicht lange und freite aufs Neue um die richtige Lineik. Diese aber antwortete, dass sie ihm nicht eher ihre Hand reichen wolle, bevor nicht ihre Stiefmutter aus der Welt geschafft sei.

Da erzählte nun Laufey eine lange Geschichte, dass Blauvör das schlimmste Riesenweib sei, und dass sie über die Insel herrsche, auf welcher der Minister sie angetroffen hatte. Dort habe sie in einer großen Höhle gewohnt mit noch viel anderem Riesenvolk. »Ich selbst bin eine Königstochter aus einem der Insel benachbarten Reiche; Blauvör raubte mich heimlich von dort und drohte mir, mich zu töten, wenn ich ihr nicht in allem Gehorsam leiste; sie nannte mich Tochter, denn auf diese Weise wollte sie es wahrscheinlich machen, dass sie selbst von königlichem Geschlecht sei. Sie war es auch, welche eures Vaters Tod verursacht hat, und sie hat alle Hofleute eures Vaters verschwinden machen, denn sie aß dieselben während der Nacht, wie dies ja alte Sitte der Riesen ist. Es ist ihre Absicht, nach und nach alle eure Landsleute zu vertilgen, um später das Land mit ihrem Riesengeschlecht zu bevölkern.«

Prinz Sigurd und der andere Prinz sammelten nun eiligst ein großes Heer und zogen mit demselben von dannen. Von ihrem Zuge wird früher nichts berichtet, als bis sie vor der Hauptstadt ankamen, in welcher Blauvör residierte. Niemand hatte ihre Ankunft bemerkt, und es waren auch nur wenig Menschen in der Stadt; denn die meisten hatte Blauvör getötet und andere waren aus der Stadt entflohen, um dem bösen Riesenweibe zu entkommen. Es war daher keine Rede von einer Gegenwehr, und Blauvör wurde gefangen genommen. Sie gebärdete sich zwar ganz toll, erhielt aber doch keine Gnade, sondern wurde mit großen Steinen totgeschlagen und hierauf auf einem Scheiterhaufen verbrannt.

Hierauf kehrten die beiden Prinzen wieder nach Griechenland zurück, und es wurde hier Hochzeit gefeiert, zu der viele Anstalten getroffen und alle Großen des Reiches eingeladen wurden. Während des Festmahls freite Prinz Sigurd um die griechische Prinzessin und da diese sogleich einwilligte, wurde auch die Hochzeit dieser beiden zur selben Zeit gefeiert. Als das Fest vorüber war, begaben sich die Gäste, reichlich beschenkt, wieder nach Hause.

Prinz Sigurd wurde König in Griechenland, während Lineik mit ihrem Manne in die Heimat zurückkehrte, wo dieser hierauf König wurde. Da gab es große Freude im Lande, dass das Reich nun wieder unter das frühere Königsgeschlecht kam.

Laufey hatte Lineik begleitet und diese und ihr Gemahl verschafften ihr einen guten Mann, mit dem sie dann ihr väterliches Erbe antrat; denn ihr Vater war aus Kummer um sie gestorben. Alle diese Könige regierten viele Jahre in ihren Reichen und lebten lange in Glück und Frieden, und nun ist diese Geschichte zu Ende.

Märchen aus Island

Die Heckentür

Es war einmal eine Frau, die hatte zwei Kinder, einen Jungen und ein Mädchen; da ging sie nun mal auf die Reise und sagte zu ihnen: »Hört einmal, Kinder, ich reise nun fort und ihr bleibt allein daheim, drum passt mir ja hübsch auf die Heckentür auf!«, und damit meinte sie, sie sollten sorgen, dass sich kein Spitzbub hineinschliche.

Eine Weile war sie schon fort, da bekamen die Kleinen Langeweile, und der Bruder sagte zur Schwester: »Komm, wir wollen ein wenig hinaus in den Wald und die Heckentür nehmen wir mit, dann ist's gut!« Da war sie zufrieden und sie gingen hinaus in den Wald; aber wie sie da herumliefen, verirrten sie sich, und die Nacht überfiel sie, so dass sie wohl sahen, sie würden doch nicht mehr heimkommen, und vor Angst auf einen Eichbaum kletterten, um dort bis zum Morgen zu bleiben, damit sie nicht von den wilden Tieren zerrissen würden.

Eine Zeit lang haben sie da gesessen, da kommen Spitzbuben, die schleppen einen großen Haufen Geld zusammen, den zählen sie. Da halten sich die Kleinen ganz still im Baum, damit sie nicht von den Spitzbuben bemerkt werden; aber endlich kann sich der Bruder doch nicht mehr halten und sagt zur Schwester: »Ich muss einmal was Kleines machen.« – »Na so tu's.« Da tut er's, die Spitzbuben aber zählen ruhig weiter und sagen: »'s ist ein wenig Regen, der fällt!« Wieder nach einer Weile sagt der Bruder zur Schwester: »Ich kann's nicht länger halten, ich muss was Großes machen.« – »Na so tu's.« Da tut er's, aber die Spitzbuben zählen ihr Geld ruhig weiter und sagen: »'s ist ein wenig Mist von den Vögeln, die im Baume sitzen.« Nun sitzen sie wieder eine lange Weile, aber da sagt der Bruder: »Ich kann die Heckentür nicht mehr länger halten!« – »So wirf sie hinab!«, sagt die Schwester. Da wirft er sie hinab, und sie fällt mitten unter die Spitzbuben, da laufen sie eiligst davon und rufen: »Gehn die Wolken hier, gehn die Wolken hier!« Nun war's aber Morgen geworden und da stiegen Bruder und Schwester hinab vom Baume, und nahmen die Heckentür und das Geld, was die Spitzbuben im Stich gelassen, dazu und kamen glücklich wieder nach Hause. Da kam ihnen die Mutter entgegen und jammerte und schalt, dass sie nicht auf die Heckentür gepasst und nun die Spitzbuben dagewesen seien und das ganze Haus ausgeräumt hätten. Die Kleinen aber erzählten alles, wie es ihnen im Walde ergangen, und da war sie froh und von dem Gelde kaufte sie neue Kleider und neues Gerät dazu, und es blieb noch so viel übrig, dass sie ihr Leben lang alle drei daran genug hatten.

Märchen aus Norddeutschland

Der Wacholderbaum

Es ist nun schon lange her – wohl zweitausend Jahre –, da war einmal ein reicher Mann, der hatte eine schöne, fromme Frau und die hatten sich beide recht lieb; aber sie hatten keine Kinder, sie wünschten sich aber gar sehr welche, und die Frau betete oft darum Tag und Nacht, aber sie kriegten keine und kriegten keine.

Vor ihrem Hause war ein Hof, auf dem stand ein Wacholderbaum; unter diesem stand eines Tages im Winter die Frau und schälte sich einen Apfel, und als sie sich den Apfel so schälte, so schnitt sie sich in den Finger, und das Blut floss in den Schnee. »Ach«, sagte die Frau und seufzte so recht dabei auf, sah das Blut vor sich an und war tief wehmütig, »hätte ich doch ein Kind, so rot als Blut und so weiß wie Schnee.« Und als sie das sagte, so wurde ihr wieder fröhlich zu Mute, es war ihr, als sollte das wahr werden. Da ging sie wieder ins Haus, und als ein Monat vorbei war, da war der Schnee vergangen, und zwei Monat', da war es grün, und drei Monat', da kamen die Blumen aus der Erde, und vier Monat', da drängten sich alle Bäume in dem Holze, und die grünen Zweige waren alle ineinander gewachsen. Dort sangen die Vöglein, dass das ganze Holz erschallte, und die Blüten fielen von den Bäumen. Da war der fünfte Monat vorbei, und die Frau stand wieder unter dem Wacholderbaum, dort sprang ihr das Herz vor Freude und sie fiel auf die Knie und wusste sich gar nicht zu lassen. Und als der sechste Monat vorbei war, da wurden die Früchte dick und stark, und sie wurde ganz still, und im siebenten Monat, da griff sie nach den Beeren und aß sich recht satt; da wurde sie traurig und krank. Der achte Monat ging hin und sie rief ihren Mann und weinte und sagte: »Wenn ich sterbe, so begrabe mich unter dem Wacholderbaume.« Da war sie ganz getrost und freute sich, bis der neunte Monat vorbei war; da kriegte sie ein Kind, so weiß wie Schnee und so rot wie Blut, und als sie das sah, da freute sie sich so, dass sie starb.

Da begrub ihr Mann sie unter dem Wacholderbaum, und er fing an, gar sehr zu weinen. Eine Zeit lang und das ließ nach, und da er noch ein wenig geweint hatte, da wurde er wieder heitrer, und noch eine Zeit, da nahm er wieder eine Frau. Mit der zweiten Frau kriegte er eine Tochter, das Kind aber von der ersten Frau war ein kleiner Junge; der war so rot wie Blut und so weiß wie Schnee. Wenn die Frau ihre Tochter ansah, so hatte sie sie gar sehr lieb, aber wenn sie dann den kleinen Jungen ansah, da ging es ihr immer durchs Herz, und es deuchte ihr, als stünde er ihr überall im Wege, und sie dachte dann immer, wie sie ihrer Tochter all das Vermögen zuwenden wollte. Das aber hatte ihr der Böse eingegeben. Sie wurde nun dem kleinen Jungen ganz gram, stieß ihn herum von einer Ecke in die andere, puffte ihn hier und knuffte ihn dort, so dass das arme Kind immer in Angst war. Wenn es aus der Schule kam, hatte es nichts, wo es ruhig sitzen konnte.

Einmal war die Frau in die Kammer gegangen, da kam das kleine Töchterchen auch herauf und sagte: »Mutter, gib mir einen Apfel.« »Ja, mein Kind«, sagte die Frau und gab ihr einen schönen Apfel aus der Kiste; die Kiste aber hatte einen großen, schweren Deckel mit einem großen scharfen eisernen Schlosse. »Mutter«, sagte das Töchterchen, »soll Brüderchen nicht auch einen haben?« Das verdross die Frau, doch ließ sie's nicht merken und sagte: »Ja, wenn er aus der Schule kommt.«

Und als sie ihn durch das Fenster gewahr wurde, so war ihr doch gerade so, als wenn der Böse über sie käme. Schnell nahm sie ihrer Tochter den Apfel wieder weg und sagte: »Du sollst nicht eher einen haben als Bruder.« Darauf warf sie den Apfel in die Kiste und machte sie zu. Als nun der kleine Junge in die Türe trat, da sagte sie ganz freundlich zu ihm: »Mein Sohn, willst du einen Apfel haben?«, und sah ihn dabei ganz böse an. »Mutter«, sagte der kleine Junge, »was siehst du mich so gräsig an! Ja, gib mir einen Apfel.« »Komm mit mir«, sagte sie und machte den Deckel auf. »Hol dir einen Apfel heraus.« Und als sich der kleine Junge hinein bückt – da rät ihr der Böse. – Bratsch! schlug sie den Deckel zu, dass der Kopf des kleinen Jungen abflog und unter die roten Äpfel fiel. Da überfiel es sie, und sie dachte in großer Angst: »Wie kann ich das wohl von mir abbringen!« Da ging sie hinunter in die Stube und holte aus der untersten Schublade der Kommode ein weißes Tuch; nun setzte sie den Kopf auf den Leib und band das Halstuch so um, dass man nichts sehen konnte, dann setzte sie ihn vor die Türe auf einen Stuhl und gab ihm den Apfel in die Hand.

Bald darauf kam Marlenchen zu ihrer Mutter in die Küche; die stand beim Feuer und rührte immer in einem Topfe. »Mutter«, sagte Marlenchen, »Bruder sitzt vor der Tür und sieht ganz weiß aus; er hat einen Apfel in der Hand; ich habe ihn gebeten, er soll mir den Apfel geben, aber er antwortet nicht, und da wurde mir ganz graulich.« »Geh noch einmal hin«, sagte die Mutter, »und wenn er wieder nicht antworten will, so gib ihm eins hinter die Ohren.« Da ging Marlenchen hin und sagte: »Bruder, gib mir den Apfel.« Aber er schwieg still, da gab sie ihm eins an die Ohren, und da fiel der Kopf herunter; darüber nun erschrak sie sich und fing an gar sehr zu weinen; sie lief zur Mutter und sagte: »Ach Mutter, ich hab meinem Bruder den Kopf abgeschlagen«, und weinte und weinte und wollte sich nicht zufrieden geben. »Marlenchen«, sagte die Mutter, »was hast du getan! Aber sei nur still, dass es kein Mensch merkt, das ist nun doch einmal nicht zu ändern; wir wollen ihn in Essig kochen.« Da nahm die Mutter den kleinen Jungen, hackte ihn in Stücke, tat sie in einen Topf und kochte ihn in Essig. Marlenchen aber stand dabei und weinte und weinte, und die Tränen fielen alle in den Topf, so dass sie gar kein Salz brauchten.

Da kam der Vater nach Haus, setzte sich zu Tisch und sagte: »Wo ist denn mein Sohn?« Da trug die Mutter eine große, große Schüssel auf mit Schwarzsauer, und Marlenchen weinte und konnte sich gar nicht halten. Da sagte der Vater wieder: »Wo ist denn mein Sohn?« »Ach«, sagte die Mutter, »er ist über Land gegangen zum Großohm, er will dort eine Zeit lang bleiben.« »Was tut er denn dort? Er hat nicht einmal Adjö zu mir gesagt.« »Er wollte gern hin und fragte mich, ob er wohl sechs Wochen bleiben könnte; er ist ja dort gut aufgehoben.« »Ach!«, sagte der Mann, »ich bin recht traurig, und es ist doch nicht recht, er hätte mir doch Adjö sagen sollen.« Damit fing er an zu essen und sagte: »Marlenchen, was weinst du? Bruder wird wohl wieder kommen.« »Ach, Frau«, sagte er dann, »was schmeckt mir das Essen gut, gib mir mehr!« Und je mehr er aß, je mehr wollte er haben, und er sagte immer: »Gebt mir mehr, ihr sollt nichts davon haben, das ist, als wenn das alles mein wäre.« Und er aß und aß, und die Knochen warf er alle unter den Tisch, bis alles alle war.

Marlenchen aber ging hin zu ihrer Kommode, und nahm aus der untersten Schublade ihr bestes seidenes Tuch; holte alle die Knochen unter dem Tische hervor, band sie in das seidene Tuch und trug sie vor die Tür und weinte ihre blutigen Tränen. Dort legte sie sie unter den Wacholderbaum in das grüne Gras, und als sie sie dort hingelegt hatte, da war ihr mit einem Male so recht leicht und sie weinte nicht mehr. Da fing der Wacholderbaum an sich zu bewegen, und die Zweige taten sich immer voneinander und dann wieder zusammen, so als wenn sich einer recht freut und mit den Händen so tut. Damit ging durch den Baum ein Nebel und durch den Nebel brannte ein Feuer, und aus dem Feuer flog ein schöner Vogel heraus, der sang so herrlich und flog hoch in die Luft, und als er weg war, da war der Wacholderbaum, wie er vorher gewesen war, aber das Tuch mit den Knochen war weg. Marlenchen aber war recht vergnügt, als ob der Bruder noch lebte. Da ging sie wieder ganz lustig in das Haus, setzte sich zu Tisch und aß.

Der Vogel aber flog weg, setzte sich auf eines Goldschmieds Haus und fing nun an zu singen:

»Meine Mutter, die mich g'schlacht',
Mein Vater, der mich aß,
Meine Schwester das Marlenichen,
Sucht alle meine Beenichen,
Bind' sie in ein seiden Tuch,
Legt's unter den Wacholderbaum.
Kiwit, Kiwit,
Was für ein schöner Vogel bin ich.«

Der Goldschmied saß in seiner Werkstatt und machte gerade eine goldene Kette, da hörte er den Vogel, der auf seinem Dache saß und sang, und das deuchte ihm gar zu schön. Da stand er auf, und als er über den Flur ging, da verlor er einen Pantoffel. Er ging aber so recht mitten in die Straße hin und hatte nur einen Pantoffel und einen Socken an. Er hatte sein Schurzfell vor und in der einen Hand die goldene Kette und in der andern Hand die Zange; die Sonne schien so hell auf die Straße. Da stellte er sich so, dass er den Vogel gut sehen konnte. »Vogel«, sagte er, »wie schön kannst du singen! Sing mir das Stück nochmal.« »Nein«, sagte der Vogel, »zweimal singe ich nicht umsonst. Gib mir die goldene Kette, so will ich es nochmals singen.« »Da«, sagte der Goldschmied, »hast du die goldene Kette, nun singe es mir nochmal.« Da kam der Vogel, nahm die goldene Kette ins rechte Pfötchen, setzte sich vor den Goldschmied hin und sang:

»Meine Mutter, die mich g'schlacht',
Mein Vater, der mich aß,
Meine Schwester das Marlenichen,
Sucht alle meine Beenichen,
Bind' sie in ein seiden Tuch,
Legt's unter den Wacholderbaum.
Kiwit, Kiwit,
Was für ein schöner Vogel bin ich.«

Da flog der Vogel weg, und setzte sich auf das Dach eines Schusters und sang:

»Meine Mutter, die mich g'schlacht',
Mein Vater, der mich aß,
Meine Schwester das Marlenichen,
Sucht alle meine Beenichen,
Bind' sie in ein seiden Tuch,
Legt's unter den Wacholderbaum.
Kiwit, Kiwit,
Was für ein schöner Vogel bin ich.«

Als der Schuster das hörte, lief er in Hemdsärmeln vor seine Türe, sah nach seinem Dache und musste die Hand vor die Augen halten, damit ihn die Sonne nicht blende. »Vogel«, sagte er, »was kannst du schön singen!« Da rief er in seine Türe hinein: »Frau, komm mal heraus, da ist ein Vogel, der kann mal schön singen.« Dann rief er auch seine Tochter, seine Kinder und Gesellen, die Lehrjungen und die Magd, und sie kamen alle auf die Straße, und sahen den Vogel an, und wie schön er war; er hatte so schöne rote und grüne Federn, und um den Hals war es wie lauter Gold und die Augen blinkten ihm im Kopfe wie Sterne.

»Vogel«, sagte der Schuster, »nun sing mir das Stück nochmal.« »Nein«, sagte der Vogel, »zweimal singe ich nicht umsonst, du musst mir was schenken.« »Frau«, sagte der Mann, »gehe in den Laden, auf dem obersten Brett, da stehen ein Paar rote Schuh, die bring heraus.« Da ging die Frau hin und holte die Schuh. »Da Vogel«, sagte der Mann, »nun sing mir das Stück nochmal.« Da kam der Vogel, nahm die Schuhe mit dem linken Pfötchen, flog wieder auf das Dach und sang:

»Meine Mutter, die mich g'schlacht',
Mein Vater, der mich aß,
Meine Schwester das Marlenichen,
Sucht alle meine Beenichen,
Bind' sie in ein seiden Tuch,
Legt's unter den Wacholderbaum.
Kiwit, Kiwit.
Was für ein schöner Vogel bin ich.«

Als er ausgesungen hatte, flog er fort. Die Kette hatte er in dem rechten und die Schuhe in dem linken Pfötchen, und er flog weit weg nach einer Mühle, und die Mühle ging klip klap, klip klap, klip klap. In der Mühle saßen zwanzig Knappen, die behauten einen Stein und hackten hick hack, hick hack, hick hack, und die Mühle ging klip klap, klip klap, klip klap. Da setzte sich der Vogel auf einen Lindenbaum, der vor der Mühle stand, und sang:

»Meine Mutter, die mich g'schlacht',«
da hörte ein Knappe auf,

»Mein Vater, der mich aß,«
da hörten noch zwei auf und hörten zu,
»Meine Schwester das Marlenichen,«
da hörten wieder viere auf,
»Sucht alle meine Beenichen«,
nun hauten nur noch dreizehn,
»Bind' sie in ein seiden Tuch«,
jetzt nur noch sieben,
»Legt's unter«
jetzt nur fünf,
»den Wacholderbaum.«
Nur noch einer,
»Kiwit, Kiwit,
Was für ein schöner Vogel bin ich.«

Da hielt der Letzte auch inne und hatte das Letzte noch gehört. »Vogel«, sagte er, »was singst du schön! Lass mich das auch hören, singe das nochmal.« »Nein«, sagte der Vogel, »zweimal singe ich nicht umsonst; gib mir den Mühlstein, so will ich es nochmal singen.« »Ja«, sagte er, »wenn er mir allein gehörte, so solltest du ihn haben.« Da sagten die andern: »Wenn er nochmal singt, so soll er ihn haben.«

Da kam der Vogel herunter, und alle zwanzig Knappen fassten an und hoben mit Hebebäumen den Stein auf. Da steckte der Vogel den Hals durch das Loch und nahm ihn um, als ob es ein Kragen wäre, flog wieder auf den Baum und sang:

»Meine Mutter, die mich g'schlacht',
Mein Vater, der mich aß,
Meine Schwester das Marlenichen,
Sucht alle meine Beenichen,
Bind' sie in ein seiden Tuch,
Legt's unter den Wacholderbaum.
Kiwit, Kiwit,
Was für ein schöner Vogel bin ich.«

Als er ausgesungen hatte, da tat er die Flügel auseinander und hatte in dem rechten Pfötchen die Kette, in dem linken die Schuh und um den Hals den Mühlstein und flog fort damit nach seines Vaters Hause. In der Stube saß der Vater, die Mutter und Marlenchen bei Tisch und der Vater sagte: »Ach wie wird mir so leicht und wohl zu Mute.« »Ach nein«, sagte die Mutter, »mir ist es Angst, als wenn ein schweres Gewitter käme.« Marlenchen aber saß und weinte und weinte, da kam der Vogel angeflogen, und als er sich auf das Dach setzte, sagte der Vater: »Mir ist so recht freudig ums Herz, und die Sonne scheint draußen so schön, mir ist gerade, als sollte ich einen alten Bekannten wiedersehen.« »Ach nein«, sagte die Frau, »mir ist so Angst, die Zähne klappern mir, mir ist, als hätte ich Feuer in den Adern.« Aber Marlenchen saß in der Ecke und weinte, und hatte ein Tuch vor den Augen und weinte das Tuch ganz nass. Da setzte sich der Vogel auf den Wacholderbaum und sang:

»Meine Mutter, die mich g'schlacht'«,

Da hielt die Mutter die Ohren zu, und kniff die Augen zusammen, denn sie wollte nicht sehen noch hören; aber das brauste ihr in den Ohren wie der stärkste Sturm, und die Augen brannten und zuckten ihr wie Blitze.

»Mein Vater, der mich aß«,

»Ach Mutter«, sagte der Mann, »das ist ein schöner Vogel, der singt so herrlich, die Sonne scheint so warm, und das riecht wie lauter Maiblumen.«

»Meine Schwester, das Marlenichen«,

Da legte Marlenchen den Kopf auf die Kniee und weinte immerfort, der Mann aber sagte: »Ich gehe hinaus, ich muss den Vogel in der Nähe sehen.« »Ach geh nicht«, sagte die Frau, »mir ist, als bebte das ganze Haus und stände in Flammen.« Aber der Mann ging hinaus und sah den Vogel an.

»Sucht alle meine Beenichen,
Bind' sie in ein seiden Tuch,
Legt's unter den Wacholderbaum.
Kiwit, Kiwit,
Was für ein schöner Vogel bin ich.«

Dabei ließ der Vogel die goldene Kette fallen, und sie fiel dem Manne just um den Hals, gerade so, dass sie ihm so recht schön passte. Da ging er hinein und sagte: »Sieh, was ist das für ein guter Vogel; er hat mir diese schöne Kette geschenkt und er sieht so prächtig aus.« Der Frau aber wurde so Angst, dass sie niederstürzte, wobei ihr die Mütze vom Kopfe fiel. Da sang der Vogel wieder:

»Meine Mutter, die mich g'schlacht'«,

»Ach, dass ich tausend Klafter unter der Erde wäre, damit ich das nicht hören müsste.«

»Mein Vater, der mich aß«,

Da fiel die Frau für tot nieder.

»Meine Schwester, das Marlenichen«,

»Ach«, sagte Marlenchen, »ich will auch hinausgehen und sehen, ob mir der Vogel was schenkt.« Und da ging sie hinaus.

»Sucht alle meine Beenichen,
Bind' sie in ein seiden Tuch«,

Da warf er ihr die Schuhe herunter.

»Legt's unter den Wacholderbaum.
Kiwit, Kiwit,
Was für ein schöner Vogel bin ich.«

Da wurde sie ganz vergnügt und fröhlich; sie zog die neuen roten Schuhe an, tanzte und sprang hinein. »Ach«, sagte sie, »ich war so traurig, als ich hinausging, und nun bin ich lustig; das ist mal ein herrlicher Vogel; hat mir ein Paar Schuhe geschenkt.« »Nein«, sagte die Frau und sprang auf, und die Haare standen ihr zu Berge, wie Feuerflammen: »mir ist, als sollte die Welt untergehen! Ich will auch hinaus, vielleicht wird es mir auch leichter.« Und als sie aus der Türe kam, bratsch! warf ihr der Vogel den Mühlstein auf den Kopf, dass sie ganz zerquetscht wurde. Als der Vater und Marlenchen das hörten, gingen sie hinaus, da sahen sie Dampf, Flammen und Feuer auf der Stelle, und als das verloschen war, da stand der kleine Bruder da, der nahm den Vater und Marlenchen bei der Hand. Alle drei waren nun recht vergnügt und gingen in das Haus, setzten sich zu Tische und aßen.

Märchen aus Deutschland

Der Garten der Jadefee

Der Garten der Jadefee liegt auf halber Höhe eines Berges. Er heißt zwar Garten, ist aber nichts weiter als eine kleine ebene Stelle am Hang des Berges. Wie die Alten erzählen, hat es früher auf dem Berg nur Steine und nochmals Steine gegeben. Weder die Höhle am Gipfel des Berges gab es damals noch einen einzigen Baum. Es war wirklich ein öder, kahler Berg. Die Leute, die hier lebten, hatten es schwer. Die meisten fristeten als Steinklopfer ihr Dasein. Wenn der Wind blies und die Sonne brannte, wenn den Steinklopfern der salzige Schweiß in die Augen lief und ihr Mund austrocknete, träumten sie wohl oft davon, wie schön es wäre, wenn wenigstens zwei Bäume auf dem Berghang wüchsen. Aber Träume sind Träume, und niemand glaubte daran, dass auf dem kahlen Berg wirklich Bäume wachsen könnten. Bis eines Tages – niemand weiß mehr, wann es war – neben einem großen Felsblock auf halber Höhe des Berges ein kleiner Pfirsichbaum wuchs. Sooft es regnete, schossen Sturzbäche den Berg hinab, die Sand und Steine mit sich rissen, aber der kleine Pfirsichbaum wurde nicht weggespült, er wuchs und gedieh.

Damals lebte ein junger Mann, der oft auf den Berg Steine klopfen ging. Er stammte von außerhalb, und niemand kannte seinen richtigen Namen. Weil aber sein Gesicht so sonnenverbrannt war, nannten ihn alle den Schwarzen Wang. Der Schwarze Wang hatte ein schwarzes Gesicht, aber ein gütiges Herz. Er war groß und kräftig und hatte geschickte Hände. Obwohl er weder Frau noch Kinder hatte, konnte er doch nie ein bisschen Geld zurücklegen. Denn wenn er sah, dass jemand in Not war, half er sofort, auch wenn er dazu seine Hose verpfänden oder seine Jacke verkaufen musste. In allen Dörfern konnte man nur Gutes über ihn hören.

Wenn der Schwarze Wang Steine klopfen ging, kam er oft an dem Pfirsichbaum vorüber. Eines Tages nun war über Nacht aus dem kleinen Bäumchen plötzlich ein großer Baum geworden. Seine Zweige waren mit rosa Blüten bedeckt, und zarte Blättchen wuchsen daran. Als der Schwarze Wang am Morgen unter dem Baum vorüber kam, regte sich kein Lüftchen, die Zweige standen still, und große Tautropfen fielen auf den Körper des Schwarzen Wang. Als er am Abend wieder vorbeikam, leuchteten die Blüten im roten Sonnenlicht, und zarte Blütenblätter rieselten auf ihn herab. Dem Schwarzen Wang schien es, als ob der Baum ihm zulächelte. Ihm wurde sonderbar froh zumute, und er spürte nicht mehr die Anstrengungen des Tages. Seitdem setzte er sich immer, wenn er abends vom Berg nach Hause ging, ein Weilchen unter den Pfirsichbaum.

Eines Morgens sah der Schwarze Wang, als er unter dem Pfirsichbaum vorüberkam, dass die Pfirsiche reif geworden waren. Ihr süßer Duft wurde vom Wind davongetragen, und obwohl die Stelle, wo der Schwarze Wang Steine klopfte, von dem Pfirsichbaum weit entfernt war, hüllte ihn auch hier der Pfirsichduft ein. Es war bereits Sommer, und die Sonne brannte heiß vom Himmel. Wie glühendes Eisen versengte der Fels die Füße. Und nicht nur, dass der Schwarze Wang zerfetzte Sandalen an den Füßen trug, er hatte sich nicht einmal einen Schilfhut gegen die Sonne kaufen können.

Als es Mittag wurde, suchten die Gefährten des Schwarzen Wang Kühlung an einer Stelle, wo ein Windhauch wehte, der Schwarze Wang aber wollte weiter Steine klopfen und legte sein Werkzeug nicht aus der Hand. Er klopfte und klopfte, bis ihm auf einmal schwindlig wurde und er auf den Felsen sank. Er wusste nicht, wie lange er so gelegen hatte, als er plötzlich wieder zu sich kam und sich frisch und wohl fühlte. Als er die Augen aufschlug, sah er tanzende Schatten und dichtbelaubte Pfirsichzweige, die wie ein Schirm die Sonne abhielten. Duftende rote Pfirsiche hingen an den Zweigen, und die grünen Blätter fächelten ihm Kühlung zu. Der Schwarze Wang sprang auf und fragte sich, wer wohl den dicken Ast abgehackt und hier in die Felsenspalte gesteckte hatte. Er blickte zu den Gefährten hinüber und sah, dass sie schliefen. Dann rüttelte er an dem vermeintlichen Ast, aber es war gar kein Ast, in der Felsspalte wuchs ein richtiger Pfirsichbaum. Da wunderte sich der Schwarze Wang, denn er wusste, dass es außer dem Pfirsichbaum auf halber Höhe des Berges hier nirgends einen anderen Baum gab. So stand er da und überlegte, dann ging er, nach dem Baum auf halber Höhe des Berges zu sehen. Von Unruhe getrieben, kam er schnell dort an und erblickte den Baum mit schwankenden Ästen und Pfirsichen daran. Auf einem dünnen, schwankenden Ast aber stand ein Mädchen und pflückte Pfirsiche. Wieder wunderte sich der Schwarze Wang, denn nicht nur in keinem der umliegenden Dörfer gab es so ein Mädchen. Nirgends, wo er bisher gewesen war, hatte er ein so hübsches Mädchen wie dieses hier gesehen. Ihr Gesicht erinnerte an frische Pfirsichblüten im Frühling und war von den Haaren umrahmt wie die Blüten von zarten Blättern. Wenn das Mädchen lachte, bildeten sich Grübchen in ihren Wangen.

Das Mädchen winkte mit der Hand, und aus der Richtung, wo der Schwarze Wang Steine geklopft hatte, kam etwa angeflogen. Das Mädchen fing es auf, und jetzt sah der Schwarze Wang, dass es ein kleiner Pfirsichzweig mit zwei Pfirsichen daran war. Das Mädchen drückte den Zweig an einen dicken Ast, und gleich war er daran angewachsen, als ob ihn niemals jemand dort abgebrochen hatte. Ehe der Schwarze Wang zum Nachdenken kam, pflückte das Mädchen zwei große Pfirsiche ab und warf sie ihm zu. Unwillkürlich streckte er die Hand aus, und die Pfirsiche fielen genau hinein. Das Mädchen lachte darüber, aber als sie sah, dass der Schwarze Wang verlegen wurde, hörte sie auf zu lachen und machte ihm Zeichen, er solle die Pfirsiche essen. Die Früchte schmeckten süß wie Honig, und als der Schwarze Wang sie gegessen hatte, fühlte er sich erfrischt, als ob er gebadet hätte.

Als er die Pfirsiche aufgegessen hatte, beugte sich das Mädchen plötzlich vor, griff nach einem Ast, schwang sich daran nach vorne und schwebte sachte wie ein Blütenblatt auf die Erde. Vor den Augen des Schwarzen Wang verwandelte sich die Stelle, wo sie standen, in ein helles grünes Zimmer, an dessen Decke große rote Pfirsiche gemalt waren. Lächelnd sagte das Mädchen: »Ich werde Jadefee genannt. Ich weiß, dass du überall als guter Mensch bekannt bis. Wenn du Steine klopfen gehst, musst du keinen Umweg machen, um hierherzukommen. Wenn du etwas brauchst, komm nur zu mir!« Bei diesen Worten leuchtete ihr Gesicht noch lieblicher, und ihre Augen strahlten. Sie sah aus wie eine Pfirsichblüte im

Morgentau und Sonnenglanz. Als der Schwarze Wang ihr strahlendes Gesicht sah und ihre anteilnehmenden Worte hörte, war er so froh und gerührt, dass er gar nicht wusste, was er sagen sollte. Als der Schwarze Wang sich umdrehte, sah er seine Gefährten näherkommen. Diese aber sahen nur, dass der Schwarze Wang unter dem Pfirsichbaum stand.

Vielleicht lag es daran, dass der Schwarze Wang die Pfirsiche gegessen hatte, die ihm die Jadefee gepflückt hatte, jedenfalls stand ihm ihr Bild immer noch vor Augen, als er nach Hause kam, und er lag bis in die Nacht hinein wach, ohne einschlafen zu können. Am nächsten Morgen ging er früher los als sonst und war schon unter dem Pfirsichbaum, als es eben hell wurde. Im nächsten Augenblick stand die Jadefee vor ihm, und er sah sie wieder in ihrem grünen Zimmer. Die Jadefee blickte den Schwarzen Wang lächelnd an, und er sagte errötend: »Ich wollte dich bitten, mir die Jacke zu flicken!« Die Jadefee versprach es ihm gern und hatte natürlich längst durchschaut, dass er nicht nur wegen der Jacke zu ihr kam. Darum sagte sie: »Schwarzer Wang, ich kann mir denken, dass du gestern Abend nicht schlafen konntest. Drinnen steht ein Ofenbett, leg dich hin und schlaf ein Weilchen!«

Durch die herzliche Art der Jadefee fühlte sich der Schwarze Wang bei ihr wie zu Hause, obwohl er sie kaum erst kennengelernt hatte. Darum tat er, wie sie ihm geheißen hatte, und legte sich hin. Als die Sonne aufging, fanden die Gefährten den Schwarzen Wang schlafend unter dem Pfirsichbaum. Neben ihm lag seine ausgebesserte Jacke.

Von da an besuchte der Schwarze Wang die Jadefee fast täglich unter dem Pfirsichbaum. Mit der Zeit wunderten sich seine Gefährten darüber, und einmal fragten sie ihn direkt: »Schwarzer Wang, was suchst du immer noch unter dem Pfirsichbaum? Es sind doch längst keine Pfirsiche mehr daran!« Der Schwarze Wang hatte seine Gefährten nie belogen und sagte ihnen auch jetzt die Wahrheit. Sie staunten natürlich darüber, aber sie freuten sich auch für ihn.

Zwanzig Meilen von dem Berg entfernt lag eine Kreisstadt. Der dortige Kreisvorsteher war mit einem hohen Beamten in der Hauptstadt verwandt. Eines Tages, als er genug gegessen und getrunken hatte, langweilte er sich und überlegte: »Ich bin mächtig, ich bin reich, was fehlt mir eigentlich noch!« Plötzlich fiel ihm ein: »Ich müsste einen Park anlegen mit künstlichen Bergen und einem See, mit Häusern und Pavillons – das wäre schön!« Lachend sprach er zu sich selbst: »Es kostet mich ja nur ein Wort!« Früher war es wirklich so. Ein Beamter brauchte nur ein Wort zu sagen, und schon musste das einfache Volk für ihn schuften und schwitzen. Auch der Schwarze Wang musste jetzt Zwangsarbeit leisten. Jeden Tag musste er gemeinsam mit seinen Gefährten Steine vom Berg in die Stadt bringen. Dabei gingen seine Kleider in Fetzen, und auch die Schuhe waren schon zerrissen. Eines Tages, als er gerade auf halber Höhe des Berges war, gingen die Schuhe so entzwei, dass er sie beim besten Willen nicht mehr anziehen konnte. Er sagte daher zu seinen Gefährten: »Wartet einen Augenblick, ich gehe zur Jadefee und bitte sie, mir neue Schuhe zu nähen!« Die Gefährten versprachen zu warten und sahen, wie er unter den Pfirsichbaum trat.

Sie standen noch nicht lange so da, als ein Aufseher sie entdeckte und, ohne viel zu fragen, auf sie einzuprügeln begann. In diesem Moment kam auch der Schwarze Wang wieder, der Aufseher ging auf ihn zu und holte aus, um ihn zu schlagen, aber seine Hand wurde von einer unsichtbaren Kraft festgehalten, und im nächsten Augenblick klatschte er sich selbst Ohrfeigen ins Gesicht. Er begann vor Schmerz zu schreien, und beide Backen schwollen ihm an, aber er konnte nicht aufhören, sich zu schlagen. Der Schwarze Wang und seine Gefährten standen daneben. Die einen bestaunten wortlos das eigenartige Schauspiel, die andern konnten sich das Lachen nicht verbeißen. Der Aufseher, der sich nicht anders zu helfen wusste, kniete nieder und schrie, während er sich weiter ohrfeigte: »Gnade! Gnade! Ich will auch niemanden mehr schlagen!« Als er dreimal so gebeten hatte, hörte er eine Mädchenstimme sagen: »Dies eine Mal will ich dich verschonen!« Da erst konnte er die Hand wieder stillhalten.

Kaum war der Aufseher freigekommen, verschwand er wie ein flüchtiger Rauch in die Kreisstadt und berichtete alles haarklein dem Kreisvorsteher. Dieser bekam einen Schreck und befahl sofort, die Hexe zu fangen. Der Schwarze Wang aber hatte noch nicht einmal seine Steine abgeladen, als er schon mit Stricken gefesselt und ins Amtsgebäude gebracht wurde. Hier bekam er vierzig Schläge mit dem großen Prügel und wurde ins Gefängnis geworfen.

Als seine Gefährten das erfuhren, waren sie erregt und traurig zugleich. Sie beratschlagten miteinander und meinten, es wäre das Beste, zur Jadefee zu gehen. Als sie bergauf stiegen, um Steine zu holen, gingen sie rasch zu dem Pfirsichbaum, aber sie wussten nicht, was sie machen sollten. Sie blickten auf den Baum und konnten nur Äste voller Blätter sehen. Mit wem sollten sie da sprechen! Der Schwarze Wang hatte ihnen zwar von der Jadefee erzählt, gesehen hatte sie aber nur er allein. Schließlich ergriff einer von ihnen das Wort: »Jadefee! Wir wollen dir etwas sagen!« Kaum hatte er das gesagt, ertönte eine Mädchenstimme: »Wartet, ich mache die Tür auf!« Dann rauschten die Blätter des Pfirsichbaums, und im nächsten Augenblick sahen die Gefährten des Schwarzen Wang, dass sie in dem hellen grünen Zimmer standen. Aber darauf achtete niemand von ihnen, denn vor ihnen stand ein wunderschönes Mädchen. Neben ihr lag ein Paar halbfertiger Männerschuhe. Es war klar, dass dies die Jadefee war. Die Männer erzählten ihr, was sie gehört hatten. »Seid unbesorgt«, sagte die Jadefee, »ich werde ihn retten!« Im nächsten Augenblick war sie verschwunden.

Der Kreisvorsteher saß gerade in der Halle seines Amtsgebäudes und erteilte mit wichtiger Miene Befehle, als er plötzlich in der Luft eine Stimme hörte, die sprach: »Verdammter Beamter du, warum hast du den Schwarzen Wang eingesperrt? Deinen Aufseher habe ich geschlagen. Versuch nur, ob du mir etwas anhaben kannst!« Der Kreisvorsteher hatten den Kopf gehoben und starrte erstaunt in die Luft, weil er niemanden sehen konnte. Auch sein Gefolge war verblüfft. Wieder ertönte die Stimme: »Lasst den Schwarzen Wang frei, ihr Wolfsgezücht!« Diesmal hatte der Kreisvorsteher gehört, dass es eine Mädchenstimme war, die zu ihm sprach, deshalb wurde er wieder etwas mutiger und fragte: »Wer bist du denn, die da aus der Luft zu mir spricht?« Die Stimme lachte höhnisch und sagte dann: »Glaubst du, ich hätte Angst, dir zu sagen, wer ich bin? Ich bin die Jadefee!« »Und ich bin der Herr dieses Kreises«, sagte der Kreisvorsteher. »Ich bin wie Vater und Mutter für diesen Kreis. Ein

Wort von mir, und Silber häuft sich zu Bergen auf. Ein Wort von mir, und Tempel stehen in ganzen Reihen. Also zeig dich mir in deiner wahren Gestalt!« »Ach«, spottete die Jadefee, »ich sehe hier gar keinen Beamten.« »Ich bin es«, sagte der Kreisvorsteher. »So«, sagte die Stimme wieder, »und ich dachte, das wäre ein Misthaufen. Das Geld, mit dem du deinen Posten gekauft hast, ist sogar noch stinkiger als Mist. Du bist nicht wert, mich zu sehen.«

Der Kreisvorsteher hatte zwar gehört, wie die Jadefee ihn verachtete, aber es gibt nun einmal Menschen, die so unverschämt sind, dass sie sich durch nichts beeindrucken lassen, und immer glauben, sie seien im Recht. Darum fuhr der Kreisvorsteher unbeirrt fort: »Was du auch sagst, bin ich doch Beamter des Kaisers und dieser Schwarze Wang ist nur ein grober Steinklopfer …« Aber die Jadefee ließ ihn nicht ausreden, sondern begann, ihn zornig zu beschimpfen, wie er es wage, sich mit dem Schwarzen Wang zu vergleichen, der ein menschliches Herz habe, er aber habe das Herz eines Wolfes. Sie schimpfte immer heftiger, so dass es selbst der unverschämte Kreisvorsteher nicht mehr aushielt und beinahe vor Wut platzte.

Dem Kreisvorsteher nutzte seine ganze Autorität nichts, er bekam die Jadefee nicht zu sehen. Diese sagte schließlich mit einem bösen Lachen: »Wenn du mich auch nicht sehen kannst, sollst du doch ein wenig sehen, was ich kann!« Schon kam ein kleiner Pfirsichzweig hereingeflogen und fiel in der Halle auf den Boden, wo er sofort Wurzeln schlug. Im Nu wurde ein großer Baum daraus, so hoch und mächtig, dass seine Äste an das Hallendach stießen, das davon ins Wanken geriet. Als die Amtsdiener sahen, dass es gefährlich wurde, stürzten sie schreiend davon. Und die größte Angst von allen hatte der Kreisvorsteher, der auf einmal ganz und gar nicht würdevoll wie eine Ratte davon schoss. Auch die Gefängniswärter liefen weg, kaum, dass sie hörten, es drohe Gefahr. Einer von ihnen, der gestolpert war und sich nicht gleich wieder aufrappeln konnte, flehte: »Gütige Fee, verschone mich!« »Verschonen kann ich dich«, schallte es aus der Luft, »mach nur schnell das Gefängnistor auf!« Hastig versprach es der Wärter.

Der Schwarze Wang hatte im Gefängnis den Lärm gehört, und ehe er begriff, was vor sich ging, war das Gefängnistor plötzlich offen, und die Gefangenen stürzten unter Jubelrufen hinaus. Unter ihnen war auch der Schwarze Wang. Er lief zur Stadt hinaus und kehrte nach Hause zurück.

Am nächsten Morgen wollte er gerade zur Arbeit gehen und stand schon im Hof, als plötzlich die Jadefee zum Tor hereinkam. Sie war ganz außer Atem, ihr Haar hing ungekämmt herab, ihre Kleider waren durchnässt, und ihre Stirn war mit Tautropfen bedeckt. Der Schwarze Wang bekam einen Schreck, als er sie so sah, aber ehe er etwas fragen konnte, sagte die Jadefee hastig: »Schwarzer Wang! Der Kreisvorsteher wird dich hier nicht in Ruhe lassen. Ich bin die ganze Nacht unterwegs gewesen, um einen Zaubermeißel für dich auszuborgen. Nimm ihn und ...« In diesem Augenblick schallte von draußen Lärm herein. Es war ein großer Trupp Soldaten, die der Kreisvorsteher ausgeschickt hatte, um den Schwarzen Wang zu fangen. Die Jadefee nahm den Schwarzen Wang bei der Hand und sagte: »Schnell, komm mit!«

Als sie das Dorf verließen, nahmen die Soldaten die Verfolgung auf. Sie aber eilten den Berg hinauf, und als sie dicht unter dem Gipfel waren und die Verfolger sie gleich einholen mussten, blieb die Jadefee plötzlich stehen, zeigte auf ein steile Felswand und sagte: »Hier musst du den Meißel ansetzen!« Der Schwarze Wang tat, was sie ihm sagte, hob den Hammer, schlug auf den Meißel, und im selben Augenblick öffnete sich unter donnerndem Getöse in der Felswand eine Höhle so groß wie ein Tor. Der Schwarze Wang stieg hinein, und als die Verfolger herankamen, sahen sie nichts als die finstere Öffnung. Einige von ihnen waren mutig genug, in die Höhle hineinzugehen, aber weit im Innern des Berges stießen sie schließlich auf einen rauschenden Fluss, der so tief war, dass man den Grund nicht sah, und so reißend, dass man auch mit einem Boot nicht hinübergekommen wäre, weil es die rasende Strömung sofort zerschlagen hätte. Am anderen Ufer aber strahlte ein heller Glanz. Die Soldaten standen noch eine Weile unschlüssig herum, dann kehrten sie unverrichteter Dinge wieder zurück.

Seitdem hat den Schwarzen Wang niemand mehr gesehen. Die Leute sagen, er sei unsterblich geworden. Deshalb nennen sie auch die Höhle in der Felswand die Höhle des Unsterblichen. Aus der Höhle kommen oftmals weiße Nebelschwaden gezogen, die manchmal den ganzen Berg einhüllen. Und wenn man dann genau hinhört, kann man aus dem Berg ein Pink-pank, Pink-pank hören, geradezu als ob dort jemand Steine klopft. Man erzählt, der fleißige Schwarze Wang wolle auch im Berg nicht müßig sitzen. Und wirklich findet man oft Steine auf dem Berg, die so ordentlich aussehen, als ob sie behauen sind.

Auch die Jadefee hat man nie mehr gesehen. Aber der Berg ist inzwischen mit Pfirsichbäumen bewachsen, und die Stelle auf halber Höhe, wo der große Pfirsichbaum steht, heißt Garten der Jadefee. Auf dem Weg vom Garten der Jadefee bis zur Höhle des Unsterblichen stehen die Pfirsichbäume besonders dicht. Man sagt, das habe die Jadefee getan, damit der Schwarze Wang Schatten hat, wenn er zu ihr kommt. Und wenn manchmal der weiße Nebel die Baumkronen verhüllt und sich den ganzen Tag nicht auflöst, sagen manche Leute: »Jetzt ist der Schwarze Wang zu Besuch bei der Jadefee.«

Märchen aus China

Von Menschenbäumen und Baummenschen

Der Ahornbaum

Es war einmal ein König, der hatte drei Töchter. Einmal sagte er ihnen, sie sollten ins Gehölz gehen und Erdbeeren pflücken. Welche zuerst ihren Topf voll habe, die bekomme ein neues Kleid. So machten sie sich zu dritt auf den Weg, und ihrer jede trug einen Topf. Die jüngste machte am hurtigsten, und ihr Topf war zu allererst voll. Jene waren voller Neid, dass sie ihn zuerst gefüllt hatte. Da sagte die älteste zur mittleren, dass sie den Kopf der jüngsten absuchen wolle, und dann wolle sie ihr den Hals abschneiden. Die mittlere wollte erst nicht darauf eingehen; dann ging sie aber doch darauf ein. Da rief sie dem Kind, dass sie ihm den Kopf absuchen werde, und dann schnitt sie ihm den Kopf ab. Sie machten eine Grube, darin begruben sie es; und gingen heim.

Der König fragte, wo seine jüngste Tochter sei; sie sagten, das wüssten sie nicht, irgendwo im Wald sei sie verschollen, sie hätten sie gesucht, aber nicht gefunden.

Aber dort, wo sie sie eingegraben hatten, wuchs ein schöner Ahornbaum empor. Dahin ging ein Bettler, schnitt ihn ab und machte eine Fiedel daraus. Als er sie dann probierte, tönte sie also:

»Ich war eines Königs Tochter,
Aber jetzt bin ich aus Ahorn
Ein klein Geiglein.«

Da ging der Bettler vor des Königs Fenster und geigte dort. Sie hörten ihn und riefen den Bettler hinauf. Wie der König die Geige zur Hand nahm, tönte sie bei ihm also:

»Geige, geige, lieber Vater,
Ich war einst auch deine Tochter,
Aber jetzt bin ich aus Ahorn
Ein klein Geiglein.«

Darauf gab er sie seiner mittleren Tochter, und bei ihr tönte es also:

»Geige, geige, liebe Schwester,
Ich war eines Königs Tochter,
Aber jetzt bin ich aus Ahorn
Ein klein Geiglein.«

Da gaben sie die Geige der ältesten; aber die wollte sie nicht in die Hand nehmen; schließlich willigte sie ein, und bei ihr tönte sie also:

»Geige, geige, du mein Mörder,
Ich war eines Königs Tochter,
Aber jetzt bin ich aus Ahorn
Ein klein Geiglein.«

Da erschrak das Mädchen sehr, und in ihrem Schrecken ließ sie die Geige fallen. Die Geige stieß an das Tischbein; dort zerbrach sie. Wie sie zerbrach, siehe, da sprang die Königstochter aus ihr hervor. Nun war große Freude beim König; er umarmte und küsste seine liebe Tochter, und dem Bettler gab er eine gute Handvoll Goldstücke. Dann nagelten sie ein Fass aus; da hinein steckten sie die älteste Tochter, legten es oben auf einen Berg und ließen es von dort hinabrollen; so ist sie gestorben.

Märchen aus Ungarn

Die Zauberesche

Im Radlgraben, der bei Trebesing ins Liesertal mündet, lebte vor Jahren eine Keuschlerin, die »Hauswiesnerin« genannt wurde. Wie sie einmal so des Weges dahinschritt, vernahm sie das Wort: »Daher! Daher!« Sie trat der Stimme näher, sah aber keinen Menschen. Da rief es noch lauter, und zwar von einer knorrigen Esche herab: »Daher! Daher!«

Das Weib erschrak nun zu Tode, da immer derselbe Ruf erscholl, ohne dass sie jemanden bemerkte. Einem unsichtbaren Zwange folgend, schritt sie mit Grauen unter den Baum. »Halt' deine Schürze auf!«, rief's jetzt herab. Da kam es geflogen, lauter hellklingende Goldstücke, ohne Aufhören. »Genug jetzt!«, schrie die Keuschlerin in die Baumkrone, da sie die gefüllte Schürze nicht länger zu halten vermochte, und der Spuk hörte auf.

Allein das Weib hätte besser getan, zu schweigen und die Schürze fallen zu lassen, dann wäre der Baumgeist, ein verzauberter Bauernsohn, erlöst worden. So aber muss er warten, bis das Kind geboren wird, zu dessen Wieglein die Bretter des Lärchenbaumes bestimmt sind, der jetzt noch vor der Keusche steht.

Sage aus Kärnten

Die beiden Ebereschenbäume

Es wird erzählt, dass in alten Tagen ein paar Geschwister aus gutem Stamm auf den Westmändsinseln lebten. Da geschah es, dass das Mädchen daheim im Elternhause schwanger wurde, und da sich die beiden Geschwister sehr liebten, verbreiteten böse Zungen das Gerücht, dass der Bruder des Mädchens der Vater des Kindes sei, das sie erwartete. Das Gerücht erreichte denn auch das Ohr des Gesetzgebers dort auf den Inseln, weshalb er die Sache zu untersuchen begann.

Es nützte weder, dass der Bruder leugnete, dieses Verbrechens schuldig zu sein, und bei allem, was ihm heilig war, schwor, dass er unschuldig sei, noch, dass seine Schwester ihn jeder Schuld freisprach und einen anderen Mann, der damals von den Inseln abwesend war, als Vater des Kindes nannte. Und weil das Verbrechen der Blutschande damals hierzulande scharf geahndet wurde, selbst wenn die Obrigkeit weiter nichts hatte als einen unbewiesenen Verdacht, an den sie sich hielt, wurde ein Todesurteil nach dem anderen über solche Angeklagten gesprochen, und das war auch hier der Fall. Die beiden Geschwister wurden zum Tode verurteilt, und das Urteil wurde vollzogen.

Es wird aber erzählt, dass sie auf dem Richtplatz den Herrgott mit Tränen baten, nach ihrer Hinrichtung ihre Unschuld zu beweisen, wenn die Menschen bei ihren Lebzeiten nicht daran glauben wollten; auch sollen sie ihre Eltern gebeten haben, dafür Sorge zu tragen, dass sie in einem gemeinsamen Grabe auf dem Kirchhof ruhen dürfen. Darauf wurden sie hingerichtet, und nach vieler Mühe und wahrscheinlich nur durch reiche Spenden an Kirche und Geistlichkeit, wie es ja meist in jenen Zeiten nötig war, erreichten die Eltern, dass ihre Kinder auf dem Kirchhof beerdigt wurden; in demselben Grabe durften sie jedoch nicht liegen; der eine sollte südlich, die andere nördlich von der Kirche bestattet werden, und dort mussten sie auch liegen.

Als eine Zeit verstrichen war, entdeckten die Leute, dass aus jedem Grabe der beiden Geschwister ein kleiner Ebereschenstamm emporschoss. Diese Stämme nahmen eine natürliche Entwicklung und wurden immer größer, bis sich ihr Geäst über dem Dachfirst vereinigte, und da dachten die Leute, dass Gott, als er die Ebereschenbäume aus ihren Gräbern erwachsen ließ, ohne dass eine Menschenhand, so viel man sehen konnte, sie dort angepflanzt hatte, den Lebenden die Unschuld der beiden Geschwister beweisen wollte. Der Umstand aber, dass sich die beiden Bäume da oben über dem Dachfirst begegneten und ihre Blätter und Zweige ineinanderflochten, schien auf das unschuldige und liebevolle Zusammenleben hinzuweisen, das zwischen diesen Geschwistern im irdischen Leben geherrscht hatte, und auf ihre Sehnsucht, nach dem Tode in demselben Grabe ruhen zu dürfen.

So standen und wuchsen diese Ebereschenbäume lange Zeit, bis der Türkenbund früh im 17. Jahrhundert mit Heeresmacht über die Westmändsinseln herfiel, Gut und Menschen raubte und allerlei Gräueltaten verübte.* Eine ihrer Gewalttätigkeiten, so erzählt die Sage, war die, dass sie die beiden Ebereschenbäume auf jenem Friedhof umschlugen, und sie drohten, auf die Inseln zurückzukommen und alles zu verheeren und zu rauben, wenn diese Bäume das nächste Mal so hoch würden, wie sie gewesen wären.

Man hat aber nicht gehört, dass die Bäume von dieser Zeit an wieder heranwuchsen, und das wurde als eine große Gnade Gottes angesehen, denn wenn das geschehen wäre, dann hätten die Räuber schon Wort gehalten.

Märchen aus Island

* 1627 wurden die Westmännerinseln von algerischen Korsaren überfallen; da dieser Teil Nordafrikas damals zum türkischen Großreich gehörte, ging dieses Ereignis als »Türkenüberfall« in die Geschichte ein.

Gulianar, die Granatapfelblüte

Der Maharadscha Anarbasa hatte eine Frau, die er innig liebte. Gulianar, die Granatapfelblüte, war ihr Name. Sechs Jahre lang lebte er glücklich mit ihr und sie hatten zwei Kinder, einen Jungen von vier und ein Mädchen von fünf Jahren. Doch plötzlich starb Gulianar.

Als sie ein Jahr lang tot war, meldete man dem Maharadscha einen Boten seines Nachbars, eines anderen großen Gebieters.

»Lieber Bruder«, lautete des Radschas Botschaft, »meine Tochter Sunkasi hat ihren Gatten verloren, und wenn es dir gefällt, so kannst du sie zur Frau haben.«

»O, ich möchte meinen Kindern keine Stiefmutter geben«, erwiderte Anarbasa. »Ich weiß nicht, ob sie meine Kinder lieben würde, und vielleicht würde sie ihnen unfreundlich begegnen oder sie gar schlecht behandeln.«

Der Bote trug diese Antwort heim, aber der Radscha, sein Herr, gab sich damit nicht zufrieden. »Meine Tochter wird eine gute Mutter für die verwaisten Kinder werden«, beteuerte er, und um die Wahrheit seiner Worte zu bekräftigen, fügte er hinzu: »Oder ich will ihre Gebeine zu Asche verbrannt sehen!«

Da entschloss sich denn Anarbasa, die Witwe zu freien. Eine große Hochzeit wurde ausgerichtet, und die junge Frau zog mit einem Gefolge von fünfzig Elefanten in ihr neues Heim.

Drei Monate lang ging alles gut. Die Stiefmutter, die neue Maharani, zeigte sich freundlich gegen die Kinder, sie gab ihnen schöne Kleider und nur liebreiche Worte. Doch allmählich änderte es sich: Die Kinder konnten ihr nichts mehr recht machen. Lachten sie, so schalt sie die Maharani, und verhielten sie sich still und ernst, so fragte sie zürnend: »Warum lacht ihr nicht?« Endlich begann sie gar, die Kinder zu schlagen.

Eines Tages hatte sie den kleinen Jungen so arg geschlagen, dass sein Kopf ganz aufgeschwollen war und seine Hände bluteten. »Wo hast du dich denn so verletzt, mein Kind?«, fragte ihn besorgt sein Vater. »Die Mutter hat mich geschlagen«, klagte der Junge. »Sie schlägt uns jetzt alle Tage, und wir wissen nicht, warum, nichts können wir ihr recht machen.«

Der Maharadscha suchte sofort seine Gemahlin auf: »Warum schlägst du meine Kinder?«, fragte er. »Ich habe sie niemals geschlagen, und ihre verstorbene Mutter hat es auch nicht nötig gehabt. Ich will nicht, dass du sie jemals wieder schlägst! Sonst wirst du meinen Zorn zu spüren bekommen!« Aufgebracht ging der Maharadscha davon und ließ sich mehrere Tage nicht wieder bei seiner Gemahlin sehen.

Die Stiefmutter beschloss, die Kinder aus dem Wege zu räumen. Sie gab einem Soldaten den Auftrag, sie hinaus in den Wald zu führen und dort zu töten.

Der Soldat nahm das Mädchen an eine Hand und den Knaben an die andere und führte sie hinaus in den Wald. Sie waren noch nicht weit gegangen, da kamen sie an die Gruft ihrer toten Mutter. Das Mädchen hielt den Soldaten an und bat: »Lass uns eintreten, um an der Mutter Grab ein Gebet zu sprechen.« »Warum sollen sie nicht noch einmal beten, ehe sie sterben?«, dachte der Soldat, und er ging mit den Kindern in das Gruftgewölbe. Nun fing der kleine Junge an zu beten: »Liebe Mutter, komm zurück aus dem ferne Lande, wohin du gegangen bist, du fehlst uns so sehr!« »Ja, bitte, komm zurück, liebe Mutter«, betete auch das Mädchen, »oder erlaube uns, zu dir zu gehen. Wir können den Weg sicher finden, egal wie weit es auch ist. Die Sonne wird uns am Tage leuchten und die Sterne des Nachts. Nur sage uns, wo wir dich suchen sollen.«

Da ging ein leises Wehen über die Häupter der betenden Kinder. Eine schöne lichte Frauengestalt erschien, nahm an jede Hand eines von ihnen und führte die beiden Kinder mit sich fort in das Innere des Gebäudes. Der Soldat war regungslos stehen geblieben. Lange Zeit wartete er nun vergeblich auf die Rückkehr der Kinder. Es fing an, dunkel zu werden, da bekam er Angst. Er eilte zurück zu seiner Herrin und meldete ihr, die Kinder seien tot. Hocherfreut darüber belohnte sie ihn reichlich.

Unterdessen war der Maharadscha heimgekehrt. Er vermisste seine Kinder und fragte sogleich, wo sie seien. »Ach, lieber Herr«, seufzte seine Gemahlin, »mir bangt, denn ich fürchte, unsere lieben Kinder sind das Opfer eines Tigers geworden. Sie sind ins Schilf spielen gegangen, schon seit vielen Stunden lasse ich sie dort vergeblich suchen. Frage nur deine Diener, sie alle haben Dickicht und Schilf vergeblich nach ihnen durchsucht.« »Dann will ich selbst aufbrechen, um sie zu suchen!« Besorgt eilte der Vater hinaus ins Schilf, und ohne an Schlaf und Ruhe zu denken, durchstreifte er drei Tage und drei Nächte die weite Umgebung, das Niederholz und Schilfmoor. Aber vergeblich. Als er heimkam, meinte man, nur den Schatten seiner früheren kräftigen Gestalt zu erblicken.

Die Maharani kam ihm mit heuchlerischen Tränen in den Augen entgegen. Aber der Maharadscha sagte: »Geh' mir aus den Augen, ich will dich nicht mehr sehen, ich hasse dich!« Der Maharadscha warf sich krank, elend und verzweifelt auf sein Lager und hoffte, dass der Tod ihn bald erlösen würde.

Die Maharani lief zu einem zauberkundigen Fakir und fragte ihn, durch welches Mittel sie wohl die Liebe ihres Gatten wiedergewinnen könne. Er antwortete: »Du meinst, die Kinder, die dir im Wege standen, getötet zu haben, aber sie sind nicht tot. Sie leben im Gruftgewölbe ihrer Mutter. Solange sie leben, wird Anarbasa stets nur sie allein lieben.«

Sofort sandte sie viele Soldaten aus, um die Kinder aufzusuchen, zu töten und ihre Leichen herbeizuschaffen, was auch wirklich geschah. In dunkler Nacht vergrub die böse Stiefmutter das Mädchen und den Knaben im Garten dicht unter den Fenstern ihres Schlafgemaches.

Am Morgen erwachte sie fröhlichen Herzens und trat ans Fenster, um sich am Anblick des Grabes zu erfreuen. Doch siehe da, an der Stelle, wo sie die Kinder vergraben hatte, stand ein prächtiger Granatbaum mit nur zwei Blüten. Diese Blüten aber waren so schön, wie man es noch nie gesehen hatte. »O, welche herrlichen Blüten!«, rief die Maharani, »ich will sie gleich holen und mich damit schmücken.«

Sie eilte in den Garten und wollte die Blüten pflücken. Doch die Blüten schnellten empor, so hoch, dass ihre Hand sie nicht erreichen konnte. Ärgerlich darüber, befahl sie, den Baum zu fällen, ihr die Blüten zu bringen und den Baum zu verbrennen.

Es geschah. Man fällte den Baum. Aber wie der Gärtner die Blüten berühren wollte, zerrannen sie unter seinen Händen und nichts war von ihnen zu sehen. Der Baum wurde zu Asche verbrannt, aber – o Wunder! – am nächsten Morgen stand er wieder unversehrt unter den Fenstern der Maharani. Sie konnte den Blick nicht abwenden von den zwei feurigen Blüten, die er trug, und wieder dachte sie: »Diese Blumen müssen mein sein. Ich will sie haben und mich damit schmücken.«

Sie ging wieder hinab in den Garten. Aber die Granatblüten, die eben noch so niedrig am Baume hingen, schnellten auch diesmal hinauf, immer höher in die Lüfte, schier bis zu den Wolken. Unerreichbar. Von Neuem wurde der Baum gefällt und verbrannt, doch am frühen Morgen stand er wieder in gleicher Schönheit an seiner bisherigen Stelle.

Dasselbe Spiel wiederholte sich Tag für Tag eine ganze Woche lang. Dann aber hingen anstatt der Blüten zwei schöne Früchte am Baum.

»O, welch wunderschöne Granatäpfel!«, rief die Maharani, »ich will sie pflücken und essen.« Mit den Früchten aber erging es ihr genauso wie mit den Blüten. Sowie sie die Hand nach ihnen ausstreckte, schnellten sie hoch empor und waren für sie unerreichbar.

Jetzt war ihre Geduld erschöpft. Voller Ärger eilte sie zu ihrem Gatten. Der hatte sein Gemach seit dem Verschwinden der Kinder noch nicht verlassen und sehnte noch immer den Tod herbei.

»O, mein Gebieter«, redete sie ihn an, »bist du nicht Herr über alles, was dein Reich umfasst? Oder darf es irgendein Ding geben, das sich deinem Willen widersetzt?« »Rede deutlicher«, sagte der Maharadscha, »ich verstehe nicht, was du sagen willst.« »Ich will sagen, dass in unserem Garten zwei Granatäpfel wachsen, so niedrig an einem Baum, dass deine Lippen sie berühren können, wenn du darunter stehst. Und doch ist es nicht möglich, einen dieser Äpfel zu pflücken.« »Du denkst wohl, du könntest mich dadurch verlocken, in den Garten zu gehen? Schweig, ich mag dich nicht anhören.« Mit diesen Worten drehte der Maharadscha seiner Gattin den Rücken zu.

»O mächtiger, erhabener Maharadscha«, begann sie aufs Neue, »wie sollte ich es wagen, dein Ohr mit einer Lüge zu belästigen? Habe nur die Gnade, an das Fenster zu treten, und du wirst dich von der Wahrheit meiner Worte überzeugen.« Stumm und ohne sie eines Blickes zu würdigen, trat Anarbasa an das bezeichnete Fenster. Die Maharani aber ging hinaus in den Garten und langte, wie so oft schon, mit ihren Händen nach den schönen feurig glänzenden Granatäpfeln. Aber wiederum entzogen sich die herrlichen Früchte ihren Griffen, sie konnte keinen Granatapfel erreichen.

Da sah der Maharadscha, dass seine Gattin die Wahrheit gesprochen hatte. Er folgte ihr in den Garten und trat an ihrer Seite unter den Granatapfelbaum. Er streckte seine Hände nach den Früchten aus, und da fielen die Äpfel ganz von selbst herunter, einer in seine rechte Hand, der andere in seine linke. »Es sind Früchte von seltener Schönheit«, sprach der Herrscher, »doch scheinen sie noch nicht ganz reif zu sein. Ich will sie noch einige Tage aufbewahren!« Damit kehrte er in sein Gemach zurück und legte die beiden Granatäpfel auf ein Tischchen zu Häupten seines Lagers.

In der Nacht konnte er, wie schon so lange, nicht schlafen. Und wie er sich ruhelos auf seinem Lager herumwälzte, bekam er quälenden Durst. »Ich will wohl einen dieser Äpfel aufschneiden«, dachte er, »und versuchen, ob sie doch essbar sind.« Er ergriff ein Messer und wollte den größeren Granatapfel abschälen. Da hörte er eine leise, feine Stimme: »Bitte, lieber Vater, nimm dich recht in Acht, dass du uns nicht verwundest!« Der Maharadscha hielt inne und sah sich nach allen Seiten um. Aber nichts war zu sehen als die schräg einfallenden hellen Strahlen des Mondes. Nichts war zu hören, als das leise Plätschern der Springbrunnen im nahen Garten. Da meinte Anarbasa, sich getäuscht zu haben.

Er ergriff wieder das Messer, um den Apfel weiter zu schälen. Aber wieder erklang die liebe Stimme, die er nur zu gut kannte: »O Vater, gib Acht, dass du mir nicht weh tust!« Es war die Stimme seiner Tochter, und Anarbasa merkte nun, dass die Töne aus dem Granatapfel in seiner Hand kamen. Mit zitternden Händen schälte er weiter. »Fühlst du nichts, mein Kind?«, fragte er besorgt. »Nein, mein Vater.« »Tue ich dir kein Leid, mein Töchterlein?« »Nein Vater, dein Messer berührt mich nicht.«

Und ehe das Wort gesprochen war, sprang der Granatapfel auf, und aus der Mitte des Granatapfels sprang seine Tochter hervor. In fliegender Eile schälte er auch den zweiten Apfel, und bald danach lagen seine beiden Kinder in seinen Armen!

Endlich erzählten sie ihm alles, was geschehen war. Er befahl ihnen, sich ruhig und still zu verhalten und durch nichts ihre Anwesenheit zu verraten.

Als der Tag angebrochen war, deckte er die Kinder mit seiner Decke zu und verließ das Schlafgemach, um zu seiner Gattin zu gehen. Er sagte ihr, er habe ein kleines hölzernes Lusthaus bauen lassen, das möge sie sich einmal ansehen, ehe der Baumeister, der es errichtet habe, wieder abreise. Vergnügt über die ungewohnte Freundlichkeit ihres Gemahls, folgte sie ihm augenblicklich in den Garten. Unterwegs blieb der Maharadscha mehrere Male stehen und flüsterte den Dienern seine Befehle zu. So kamen sie endlich an dem kleinen, zierlich aus Holz gezimmerten Lusthaus an. »Tritt ein. Das Haus ist zum Gedächtnis meiner Kinder errichtet«, sprach Anarbasa. Erfreut trat sie ein. »Tritt ein und gedenke hier der Kinder, denen du versprochen hast, eine gute treue Mutter zu sein.« Bei diesen Worten schlug der Fürst die Tür des Häuschens zu und ließ einen Pfiff ertönen. Sofort eilten die vorher verständigten Diener mit Fackeln und Strohbündeln herbei und setzten augenblicklich das leichte Bretterhaus in Brand.

Am folgenden Tag sandte er einen Boten an den Nachbarfürsten. In einem kostbaren Gefäß trug der Bote die Asche der Maharani in das Land ihres Vaters. »Es ist geschehen, wie du gewollt hast, o Fürst«, sprach er, als er die Urne dem alten Radscha überreichte. »Sage meinem Nachbarn und Eidam«, erwiderte dieser, »dass er gerichtet hat wie ein Gott, und dass ich seine Gerechtigkeit preise.« Schweigend neigte sich der Bote zur Erde, der alte Fürst aber verhüllte in tiefer Trauer sein Haupt. Er wusste wohl, was diese Sendung zu bedeuten hatte.

Anarbasa war glücklich, dass er seine Kinder wiederhatte. Doch seine Kinder teilten seine Freude nicht, vielmehr senkten sie von

Tag zu Tag still und traurig ihre Köpfe, so sehr sich auch ihr Vater bemühte, sie aufzuheitern.

Eines Nachts sah der Türhüter, dass sich auf dem Granatbaum, der noch immer im Garten stand, ein wunderschöner Vogel niederließ. Sein Gefieder glänzte blau und grün, und auf dem Kopf trug er eine goldene Krone. »Türhüter«, begann der Vogel mit deutlichen Worten zu sprechen, »wie geht es dem Maharadscha?« »Er befindet sich wohl«, sagte der Türhüter.

»Und was machen die Diener? Wie geht es den Pferden, Kamelen und Elefanten?« »Die Diener sind fleißig und wohlgemut«, antwortete der Torhüter, »und die Tiere alle sind gut gepflegt.«

Da lachte der schöne Vogel laut auf, und es fiel ein ganzer Regen von Rubinsteinen aus seinem Schnabel. Der Türhüter bückte sich und las die schönen Steine, die er für Glas hielt, zusammen.

Als er sich wieder aufrichtete, war der Wundervogel auf den untersten Zweig des Baumes gehüpft. Er bog sich ganz nahe zu seinem Ohr herab und fragte leise: »Türhüter, und wie geht es den Kindern? Was machen der Sohn und die Tochter des Maharadschas?« »Sie sind betrübt und traurig, denn ihnen fehlt die Mutter.«

Als der Vogel diese Antwort vernahm, rollten große Tränen aus seinen Augen, und jede dieser Tränen fiel als kostbare Perle hernieder ins Gras. Abermals bückte sich nun der Türhüter und las die prachtvollen glänzenden Kugeln zusammen, der Vogel aber schwang sich in die Luft und entschwebte bald seinen Blicken.

In der darauffolgenden Nacht kam der Vogel wieder und fragte nach dem Befinden des Maharadschas, seiner Dienerschar, seiner Pferde, Kamele und Elefanten. Wieder lachte er hellrote Rubinen, als er hörte, dass sich der ganze Hofstaat wohl befand. Dann fragte der herrliche Vogel leise: »Und was machen die Kinder?« Der Türhüter antwortete wieder: »Sie trauern und sind betrübt, denn ihnen fehlt die Mutter.« Da rollten wiederum schwere Tränentropfen als glänzende Perlen aus seinen Augen zur Erde nieder. Der Türhüter sammelte wieder die kostbaren Kleinodien zusammen, und da der Wundervogel von nun an jeden Abend erschien, hatte er bald eine ansehnliche Menge beisammen. Er hütete sich aber wohl, irgendjemandem von seinem Schatz, dessen wahren Wert er gar nicht ahnte, etwas zu verraten.

Schon waren mehrere Wochen vorüber, als eines Morgens ein Bettelmönch in den Palast kam. Der Türhüter gab dem heiligen Mann eine Handvoll Perlen und Rubine, die der Bettelmönch hocherfreut entgegennahm. Doch dann ging der Bettelmönch zum Maharadscha, und dieser befahl, dass ihm der Bettelsack mit Reis und Brot gefüllt werde. »Wie?«, sagte der Bettelmönch, »der Maharadscha gibt mir Reis und Brot, sein Türhüter aber Rubinen und Perlen?« »Wie käme mein Diener zu solchen Juwelen?«, fragte Anarbasa erstaunt. Er ließ den Türsteher rufen, und dieser erzählte, wie er zu den hübschen bunten Steinchen gekommen war.

Der Maharadscha beschloss sogleich, selbst in der kommenden Nacht diesen sonderbaren Vogel zu sehen. Am Abend also nahm er selbst den Platz seines Türhüters ein. Es dauerte auch gar nicht lange, so kam der blaue Vogel herbeigeflogen, setzte sich auf den Granatbaum und begann die gewohnten Fragen: »Türsteher, wie befindet sich dein Herr, der Maharadscha Anarbasa?«, fragte er. »Sein Körper ist wohl, aber seine Seele ist traurig«, klang dieses Mal die Antwort zurück. Der Vogel fragte nicht nach der Dienerschaft und den Tieren in den Ställen. Er flog herab vom Baum und hüpfte dicht zu Anarbasas Füßen hin. »Maharadscha, warum ist deine Seele bekümmert?«, fragte er in seltsam weichem Tone, »hast du nicht zwei liebliche Kinder, die dein Stolz und Glück sind?« »Wohl habe ich zwei liebe Kinder, aber ihnen fehlt die Mutter. Wieviel geht Kindern ab an ihrem Glück, wenn sie keine Mutter haben. Und ach, wie kann ein Mann jemals wieder heiter sein, der die Frau seines Herzens begraben hat?«

Da senkte der schöne Vogel den Kopf, und schwere Tränen rollten aus seinen Augen ins Gras herunter. Aber es waren keine Perlen, die er weinte, es waren echte heiße Tränen. »Warum weinst du, schöner Vogel?«, fragte nun seinerseits Anarbasa. »Ich weine um den Gatten, der mir so nahe ist und mich doch nicht erkennt. Ich weine um meine Kinder, die sich nach mir sehnen!« »Gulianar, meine Gattin!«, rief der Maharadscha. »Du bist es, welche in dieser Gestalt hierher kommt? O sprich, was kann ich tun, dich in deiner wahren Gestalt um mich zu sehen?« »Du kannst mich nicht aus dieser Gestalt erlösen, Anarbasa«, klagte der schöne Vogel, »denn nur durch dein Leben könntest du das meinige zurückkaufen. Leb' wohl, o mein Gatte, jetzt darf ich lange Zeit mein Grab nicht wieder verlassen. Erst heute über drei Monde darf ich mich wieder in Vogelgestalt auf den Zweigen dieses Baumes niederlassen.« Der Maharadscha wollte noch etwas sagen, aber schon hatte der Vogel seine Schwingen ausgebreitet und war nach wenigen Augenblicken seinen Augen entflogen.

Anarbasa aber sann von dieser Stunde an beständig über die gehörten Worte nach. Er sah, wie seine Kinder mit jedem Tag trauriger wurden, und er selbst hatte gleich ihnen alle Lebensfreude verloren.

Als der Mond sich zum dritten Mal rundete, war er fest entschlossen, sein Leben für das seiner Gattin zu opfern, und dadurch seinen geliebten Kindern die Mutter zurückzugeben. Als der Abend angebrochen war, nahm er einen Dolch und ging damit unter den Granatapfelbaum. Er brauchte nicht lange zu warten. Es rauschte über seinem Haupte, und aufblickend gewahrte er den Wundervogel in den Ästen des Baumes. Sogleich zog er den Dolch aus der Scheide und rief: »Gulianar, unsre Kinder bedürfen der Mutter mehr als des Vaters. Kehre zu ihnen zurück und lass mich für dich sterben.« Darauf wollte er den Dolch in seine Brust stoßen, aber eine weiche warme Hand hielt ihn zurück. »Nicht so, mein Geliebter«, rief Gulianar, die in ihrer vollen Schönheit und Lieblichkeit vor ihm stand, »nicht so lautet die Verheißung des Gottes, der nur die Größe deiner Liebe prüfen wollte. Er verlangt dein Leben nicht. Ohne jedes Opfer gibt er mich dir zurück!«

Wer wollte es versuchen, das Glück und die Wonne Anarbasas in Worten zu schildern? Wer vermochte es, den Jubel der Kinder zu malen, als die geliebte Mutter sie wieder in ihre Arme schloss? Glück und Sonnenschein waren in des Maharadschas Haus zurückgekehrt und strahlten dort fortan in hellstem Glanze.

Märchen aus Indien

Die Geschichte von dem hölzernen Mädchen

Vier Männer machten einmal zusammen eine weite Wanderung. Ein Zimmermann, ein Goldschmied, ein Schneider, ein Mönch. Eines Abends mussten sie sich in einem großen Wald zum Schlafen hinlegen, wo sie von Räubern und wilden Tieren zugleich bedroht waren. Deshalb beschlossen sie, dass immer einer von ihnen wachsitzen solle, während die drei anderen schliefen.

Zuerst kam der Zimmermann an die Reihe. Als er aber die anderen im tiefen Schlaf schnarchen hörte, begannen auch ihm die Augen zuzufallen. Darum, um sich den Schlaf zu vertreiben, nahm er sein Handwerkzeug aus seinem Bündel, schlug einen jungen Baum ab, säuberte ihn von den Ästen und schnitt aus dem übriggebliebenen dünnen Stamm die Gestalt eines Mädchens mit Gesicht, Händen, Füßen.

Nach dem Zimmermann kam die Reihe zu wachen an den Goldschmied. Als auch er nach einer Weile schläfrig wurde und sich nach einer Beschäftigung umsah, fielen seine Augen auf das hölzerne Mädchen, das der Zimmermann gemacht hatte. Er staunte über die Geschicklichkeit des Kameraden, und, um sich den Schlaf zu vertreiben, verfertigte er überaus zierliche Ohrringe, Armbänder, Ketten, die er der Figur umhängte.

Der Schneider, der als der dritte an die Reihe zu wachen kam, geriet sofort außer sich vor Bewunderung und begann, die Figur vom Kopf bis zu den Füßen zu bekleiden, mit einem Gewand, einem Schleier, seidenen Schuhen. Kein Mensch hätte ohne näheres Zusehen mehr gedacht, nur eine Gestalt aus Holz vor sich zu haben. Endlich war die Zeit des Schneiders um, und er weckte den Mönch.

Der Mönch schlug aus tiefem Schlaf die Augen auf und sah sogleich das Bildnis. Da kam es ihm vor, als ob der mächtige Wald von einem Glanz erhellt sei. Der Atem stand ihm still und er fand kaum die Kraft, näher hinzutreten. Als er die Wohlgestalt der Frau sah und das edle Gesicht, sank er vor der Figur in die Knie, drückte sein Gesicht an die hölzerne Hüfte. Er streichelte die Hüfte mit so leisen Händen, als ob er das zarteste Fleisch unter sich habe, und unvermutet tat er den Mund auf, begann zu beten: »O du ewiger Gott, beschäme mich nicht vor meinen kunstreichen Genossen. Sei gnädig. Lass einmal ein Wunder geschehen. Lass Holz Leben gewinnen. Gib diesem Gesicht Farbe, diesen Händen Wärme, bewege diese Füße, senke Seele in diesen Holzleib, dass sie sich des Lebens freue, löse diese Zunge zu Danksagungen, ewig neuen.« Da er ein Jüngling reinen Herzens war, gewährte ihm Gott unerhörte Gnade. Sofort belebte sich die Figur, die Gewänder rauschten, Gesicht und Hände färbten sich, Haar wuchs. Die Gestalt fing an umher zu wandeln, wenn auch im Anfang noch ein wenig taumelnd. Aus dem Mund kamen Worte, erst wie zum Versuch, dann die lieblichsten Gedanken und Reden.

Als die Sonne durch die Stämme brach, wachten die drei Schläfer auf. Sofort sahen sie die herrliche Gestalt. Und kaum hatten sie sie gesehen, da waren sie auch schon sinnlos verzückt, krank von Leidenschaft und miteinander in Streit, wessen Eigentum die Frau sein sollte.

»Ich bin der Urheber«, sagte der Zimmermann, »eure Ansprüche kommen überhaupt nicht in Frage.«

»Ich habe, was Holz war, erst geschmückt, mein Geld und Gut für sie hingegeben«, sagte der Goldschmied, »deshalb gehört sie mir!«

»Was bedeutet dein Schmuck gegen den meinen?«, sagte der Schneider, »erst die Kleider machen ein Weib schön, und auch mein Geld und Gut steckt darin. Darum muss sie mein sein!«

Der Mönch rief: »Seid vernünftig! Was wäre das alles, hätte ich nicht Leben hineingebracht? Ein Stück Holz. Ich bin der Schöpfer! Mein Recht ist doch unbestreitbar!«

Ein Derwisch kam vorbei, ein frommer, ganz abgemagerter Mann im Büßergewand. Sie machten ihn zum Richter über sich. Der Derwisch aber hatte kaum das schöne Mädchen erblickt, als er wahnsinnig vor Verlangen ausrief: »Ihr Narren, was redet ihr da für dummes Zeug von Holz und Belebung? Das ist meine Frau, und alles, was sie an sich trägt, ist von mir. Wir hatten ein wenig gestritten, darum lief sie mir davon. Ich war gerade hinter ihr her, um sie einzuholen. Hier ist sie, hier hab'ich sie. Ihr aber macht euch nicht lächerlich vor den Leuten.«

Unter lautem Zank gelangten die fünf mit dem Mädchen in eine Stadt. Sofort begaben sie sich zu dem Polizeihauptmann. Der aber, sogleich noch tausendmal leidenschaftlicher verliebt als die fünf, schrie: »Ihr Betrüger! Das ist ja die Frau meines Bruders! Räuber haben ihn umgebracht und die Frau entführt. Gott sei gelobt! Da ist sie! Und da seid ihr, ihr Straßenräuber!«

Er führte sie sogleich vor den Richter. Kaum hatte der Richter dem Mädchen ins Gesicht gesehen, da verging ihm der Atem, so dass er kaum sprechen konnte. »Ihr Leute irrt euch all«, sagte er, »dieses Mädchen ist in meinem Haus großgezogen. Dies Mädchen ist meine Sklavin. Schlechte Menschen haben sie verlockt zu fliehen. Gott sei Preis und Ruhm! Da ist sie wieder, die ich innig zurückgewünscht hatte.« Die sechs aber, trotz ihrer Furcht vor der Macht des Richters, standen nicht ab, sondern drangen ungestüm auf den Richter ein. »Wenn wir auch machtlos sind, dir deinen Raub zu entreißen«, schrie der Mönch, »wie willst du dich eines Tages vor Gott, dem höheren Richter, verantworten?« Aus dem Streit der Worte wurde ein Kampf. Alle griffen zu den Waffen, die sie bei sich trugen oder den Umstehenden entrissen. Einige Verständige unter den Zuschauern aber sagten: »So werdet ihr ja nie euer Recht beweisen. Wenn hier Gott im Spiel ist, so wird Gott entscheiden. Lasst uns unter den freien Himmel gehen und Gott anrufen. Dann können wir hoffen, dass dieses Geheimnis seine wahre Lösung findet.«

Die ganze Gesellschaft begab sich auf einen freien Platz. Der Mönch hob weinend seine Hände hoch und betete laut zum Himmel empor: »Gott des Himmels, du siehst auf uns herab. Entscheide, da wir Menschen nicht entscheiden können, du. Künde, bei wem das Recht ist. Amen.« Das ganze Volk stimmte tausendstimmig in das Amen ein. Das Mädchen hatte sich, noch müde von ihrer Neuschaffung, an einen Baum gelehnt. Da tat der Baum sich unversehens auseinander, ergriff mit den Zweigen das Mädchen, nahm sie ganz in sich hinein, schloss sich wieder. So, während alle sprachlos standen, wurde Holz wieder zu Holz. Wie alles auf Erden wieder zu seinem Ursprung zurückkehrt.

Märchen aus der Türkei

Wundersame Baumgeschichten

Die drei Bäume

Ein armer Mann hatte drei Söhne. Klug waren die beiden älteren, aber, ach, ganz dumm war der jüngste. Alle drei waren schon recht groß, da sagte eines Morgens der Vater zu ihnen: »Meine Kinder, ihr seht ja, wie arm wir sind, wir können nicht länger beisammen bleiben, ihr müsst hinaus in die weite Welt und dort euer Glück suchen.« Da rüsteten sich die Söhne aus, so gut es eben ging, und am frühen Morgen eines schönen Tages zogen sie hinaus in die weite Welt.

Sie gingen und gingen, wohin die Füße sie trugen. Nach einiger Zeit kamen sie zu einer Wegkreuzung. Da blieben sie stehen; einer schaute den anderen an: »Welchen Weg sollen wir einschlagen?« Aber sie berieten nicht lange. Die zwei Älteren wählten den ebenen und bequemen Weg, den Jüngsten hießen sie den steilen Bergpfad hinansteigen.

Was konnte der Arme dagegen tun? Nichts. Er ging eben den steilen Bergpfad hinan. Je höher er kam, desto zerklüfteter und schwieriger wurde der Weg. Er irrte umher, er kroch über Felsen und Steine, schließlich kam er zu einer Wiese. Mitten auf dieser Wiese standen drei Bäume, ganz nahe nebeneinander. Es waren gar starke Bäume, mit dichtem Laub und knorrigen Zweigen, und je mehr er sie anschaute, desto unheimlicher wurden sie ihm. Solche Bäume hatte er noch nie gesehen. Schließlich aber überwand er seine Furcht, denn er war froh, ein Plätzchen zum Ruhen gefunden zu haben. Und er setzte sich in den Schatten der Bäume ins Gras.

So saß er eine Weile, da schaute er sich um. Da fiel ihm ein hoher Haufen von Felsgestein auf, und als er genauer hinschaute, entdeckte er inmitten der Felsen eine Türe. »Das muss ich mir näher anschauen«, dachte er und stand auf. Er musste sich bücken, um durch die Tür zu kommen. Es war ihm nicht ganz geheuer zumute, aber er ging trotzdem weiter.

Er kam in eine Höhle, die wurde immer breiter; und plötzlich, hoppla, da stand er schon wieder vor einer Tür, die aber war aus Glas. Er ging also durch die Glastüre hindurch und gelangte in ein Zimmer. In dem Zimmer war ein Tisch, und auf dem Tisch Speise und Trank. Und daneben stand ein Bett, schon zum Schlafen hergerichtet.

Der Bursche war hungrig, und da niemand ihn zum Essen einlud, setzte er sich ungeladen an den Tisch und ließ sich gut schmecken, was er auf dem Teller fand. Da öffnete sich eine zweite Türe und ein schönes Mädchen trat ins Zimmer. »Willkommen«, sagte sie, »ich warte schon lange auf dich.« Weil ihn das Mädchen so freundlich begrüßte, freute er sich und fühlte sich wie daheim; und als sie meinte, dass er sich nun ausruhen solle, ließ er sich das nicht zweimal sagen. Das Mädchen verschwand und er legte sich in das weiche Bett und schlief bis zum hellen Morgen wie in Öl.

Als er erwachte, erwarteten ihn schon Speck und Brot. Nach einer Weile öffnete sich wieder die Türe und das Mädchen trat herein. »Janko«, sagte sie, »um etwas will ich dich bitten: Wenn du dich stark genug fühlst, so fälle mir die drei Bäume, die draußen auf der Wiese stehen. Du hast drei Monate Zeit dazu.« »Gut«, sagte Janko, »ich will dir gern den Gefallen tun.«

Er nahm eine Axt und begab sich an die Arbeit. Er hieb einmal, zweimal in den ersten Stamm, da sprang die Axt vom Stamme ab, als wäre sie auf Felsgestein gestoßen. Aber Janko ließ sich nicht entmutigen. Er hieb und hieb und mit jedem Tag wurde ihm die Arbeit leichter. Immer wieder brachte ihm das schöne Mädchen zu essen.

Nach einem Monat fiel der erste Baum. Und mit ihm zugleich stürzte ein Drittel des Berges ein. Einen Monat später fiel der zweite Baum und mit ihm das zweite Drittel des Berges, und nach dem dritten Monat stürzte mit dem dritten Baumstamm der Rest des Berges ein.

Nachdem Janko das vollbracht und ein wenig ausgeschnauft hatte, bat ihn das Mädchen, er möchte die Bäume in den nächsten drei Monaten zersägen und zerspalten. Sei dann diese Arbeit getan, dann möge er das Holz auf einen Haufen schichten und anzünden.

Die Zeit war rasch dahingegangen und schon flammte das Feuer hoch gegen den Himmel, da kamen von allen Seiten große Ungeheuer daher, und die begannen Janko zu bedrohen. Aber das Mädchen gab ihm rasch eine Peitsche, mit der schlug er nun kräftig auf die Ungeheuer ein, und jedes, das sein Streich traf, musste in das Feuer springen und wurde zu Asche.

Das dauerte im ganzen sieben Tage und sieben Nächte, und als das Feuer alles, alles verzehrt hatte, fiel Janko zu Boden und schlief ein, als wäre er tot.

Er schlief und schlief mehrere Tage und mehrere Nächte, und als er erwachte, fand er sich in einem schönen Raum. Er hatte auch nicht mehr sein altes Gewand an, sondern ganz prächtige Kleider, in denen er wie ein junger Prinz aussah. Er sprang auf die Füße, und da stand vor ihm ein großer Spiegel, und als er sich ansah, erkannte er sich gar nicht, so schön war er.

Da öffnete sich eine Türe und dreizehn Mädchen, alle weiß gekleidet, traten ein. Sie dankten ihm, nannten ihn ihren Befreier und sagten, er könne sich eine von ihnen zur Ehefrau auswählen. Lange überlegte Janko. Eine war schöner als die andere. Die Wahl war schwer. Schließlich besann er sich und sagte: »Wenn ich schon eine Frau wählen soll, so soll es nur die sein, die mich hier so freundlich aufgenommen hat.«

»Erkenne sie«, sagten die Mädchen.

»Die ist es«, sagte Janko und wies auf die siebente. Und die war es wirklich. Sie fiel ihm um den Hals und gab ihm einen Kuss, so sehr freute sie sich, dass er sie erkannt hatte.

Die zwölf Mädchen verschwanden, Janko blieb mit seiner Erwählten allein. Da erzählte sie ihm, dass in den drei Bäumen die Ungeheuer gehaust hatten, durch die das Land verwunschen war. Janko habe die Ungeheuer getötet, darum sei er nun König über das Land. Aber das war noch nicht alles. Sie berief aus dem ganzen Land die weisesten Männer, und von denen konnte Janko in kurzer Zeit alles lernen, was für einen König wichtig war.

So war Janko nun ein richtiger König und es ging ihm recht gut. Aber er wollte gerne seine Eltern wiedersehen. So machten sich Herr und Frau König auf die Reise.

Vor ihnen und hinter ihnen marschierten Soldaten, und der König und seine Frau saßen in einem herrlichen Wagen. Sie waren so schön angezogen, wie es eben Könige sind, aber unter dem Sitz hatte Janko seine zerrissenen Kleider liegen, in denen er einst von daheim fortgegangen war.

Als er schon ganz nahe bei seinem Elternhaus war, packte er die alten Kleider aus, zog sie rasch an, sprang aus dem Wagen und lief zur Hütte hin. Die Eltern empfingen ihn freudig. »Dass du nur wieder da bist, lieber Dummrian!« Sie wollten ihn noch vieles fragen, aber da brauste die prächtige Kutsche heran und blieb vor der Hütte stehen. Im ersten Schreck versteckten sich die Eltern, aber Janko holte sie und befahl ihnen, die Frau Königin ins Haus zu bitten. Er, Janko, wolle indes ins Wirtshaus gehen und die Brüder rufen.

Als Janko mit den Brüdern ankam, saß die Frau Königin schon am Tisch und unterhielt sich mit Jankos Mutter und kein bisschen stolz. Sie erklärte sich auch bereit, in dem einzigen Bett zu schlafen, das in der Stube stand. Die Eltern und die drei Brüder wollten sich auf dem Heuboden zum Schlafen niederlegen. So geschah es. Aber die Eltern und die Söhne konnten vor Aufregung die Augen nicht zubringen. Man denke, eine Königin unterm Dach zu haben – eine Königin, die kein bisschen stolz war.

Mitten in der Nacht stand Janko auf. »Ich liege nicht gern auf dem Heuboden«, sagte er. »Ich werde mich lieber zur Königin ins Bett legen, es ist ja breit genug.«

Den Eltern und den zwei Brüdern stand vor Schreck beinahe der Verstand still. »Du warst immer schon ein Dummrian«, zankten sie, »und du bist es auch geblieben.« Sie wollten ihm den Weg verstellen, aber er war schon durch die Dachluke entwischt, und als sie ihm über die Treppe nachliefen und ins Zimmer kamen, da lag er schon im Bett neben der Königin. »Lasst ihn nur«, sagte diese freundlich, »er ist ja mein lieber Mann, und morgen kommt ihr alle mit uns auf unser schönes Schloss.«

Dann stand die Königin aus dem Bett auf, geleitete die Eltern und die zwei Brüder höchstselbst aus der Stube und schloss die Tür hinter ihnen zu.

Märchen aus der Slowakei

Der Schneider im Baum

Ein Schneider flink und jung ging in einen Wald. Da hörte er lieblich singen. Er ging und ging und wollte nicht zur Stelle kommen, wo das Singen war. Da kam er auf einen grünen Platz. Dort stand ein Baum, von dem ging das singende Säuseln aus. Da plagte ihn der Fürwitz. Er nahm die Nadel und stach und stach in einem fort in die Rinde und wollte sehen, was für Bewandtnis es mit dem Baume habe. Die Nadel aber ward an einer Stelle der Rinde zum Schlüssel. Der Baum sprang auf wie ein Tor und verschlang den Schneider und würgte ihn die weite Gurgel hinunter.

Dem Schneider verging Hören und Sehen. Es dauerte aber nicht lang, so kam er zu sich. Er lag in einer Kammer. Die glitzerte wie Reif und Kristall. Es waren aber lauter Nadeln wie auf einer Igelhaut an Wänden, Decke und Boden. Der Schneider duckte und kieferte sich zusammen, weinte helle Zähren und verfluchte das Geniß und Gehege voll Stacheln. Zuletzt griff er nach der Schere und wagte es, die Wand zu minieren. Das ging an. Er schlüpfte durch und fiel in ein anderes Gemach. Es rührten sich und klirrten überall, auf und zu, Scheren an Scheren.

Jetzt, glaubte der Schneider, ginge es ans Leben.

Die Nadeln hatten ihm den Leib wie ein Sieb zerstochen. Die Scheren zerfetzten sein Höschen und Wams. Eins hatte er noch – das Bügeleisen. Er nahm sich zusammen, schlug damit durch dick und dünn und wieder glücklich durch die Wand. Er kroch hindurch und fiel hinab, diesmal aber sänftiglich in ein Gesträuch von Hagebutten und Weißdorn. Es zog aber ein Gewitter herauf. Das brach los und regnete dicht und schwer lauter Bügeleisen herab.

Der Schneider braun und blau zerschlagen, entriss sich den Stachelstauden, kroch in einen hohlen Baum und meinte da, um Gotteswillen doch der Ruhe zu pflegen.

Es kamen aber ganze Trachten dürrer roter Ameisen. Die zwickten und zwackten den Schneider so jämmerlich, dass er ächzte, nieste, räusperte und spie und gar gerne entlaufen wäre, hätte ihn draußen der eiserne Regen nicht totgeschlagen. So hüpfte und krächzte und kratzte der Schneider und schwur zu Gott mit schweren Eiden: Ließe er ihn diesmal am Leben, auch nimmermehr einen Ast, geschweige einen Baum mutwillig zu schinden.

Da hörte der Regen auf. Der Schneider lief davon und machte, dass er aus dem Walde kam.

Märchen aus Deutschland

Die verzauberten Weiden

Der junge Hendrik lebte mit seinem Weibe in einem Bauernhäuschen in einer einsamen Gegend dicht am Rande eines großen, finsteren Waldes.

Eines Tages kehrte er vom Markte zurück und war sehr vergnügt, denn er hatte Glück bei seinen Geschäften gehabt und viele gute Freunde getroffen, mit denen er frohe Stunden verplaudert hatte.

Es war recht spät geworden, deshalb wollte er den Weg etwas abkürzen und verließ die Fahrstraße, um den Wald zu durchqueren und so schneller nach Hause zu kommen.

Als er unter den Bäumen dahinschritt, hörte er auf einmal Musik, die immer lauter wurde, je weiter er ging, und aus der Mitte einer fast kreisrunden Weidengruppe zu kommen schien.

Neugierig trat er näher.

Die alten Weiden sahen recht gespenstisch aus in dem geisterhaften Halbdunkel, und Hendrik schlug das Herz mächtig, denn er sah auf einmal, dass die Musik von einem der gegenüberliegenden Bäume herrührte.

Auf der anderen Seite des Kreises stand nämlich der größte der Weidenbäume; der hatte ein großes, finsteres Gesicht, und eine Menge kleiner Zweige wuchsen gleichsam wie Haare auf seinem Kopfe, unterhalb dessen an jeder Seite ein gebogener Zweig stand, der in fünf Finger endigte, genau wie die Hand eines Menschen.

In einer dieser sonderbaren Hände hielt der Baum einen Fiedelbogen, in der anderen Hand die Fiedel, und darauf machte er eine sonderbare Musik.

Erschreckt blieb Hendrik stehen. Da begann der Weidenbaum, der mit seiner Musik eben eine kurze Zeit ausgesetzt hatte, eine neue Weise.

Und was für eine!

Sie war so verlockend und so zum Tanze zwingend, dass Hendrik fühlte, wie ohne sein Zutun erst sein rechter Fuß sich im Takte vom Erdboden erhob und schließlich der andere, als ob sie ihm gar nicht mehr gehörten, und dass er ganz gegen seinen Willen zu tanzen begann.

Zu gleicher Zeit bewegten die anderen Weiden im Kreise ihre Zweige im Takte hin und her, und da bemerkte Hendrik, dass sie ebensolche merkwürdige Gesichter und lange gekrümmte Arme hatten wie der große Weidenbaum, der die Fiedel spielte.

Das verwunderte ihn noch viel mehr, aber er war viel zu erregt, um nachdenken zu können. Er musste und musste tanzen, und ohne Acht zu geben, was er tat, sprang er in dem Kreise der großen Weiden herum, als wolle er niemals wieder aufhören.

Plötzlich stockte die Musik. Hendrik tanzte noch einige Schritte weiter, dann kam auch er zum Stillstand und blickte fragend auf den alten Weidenmusikanten. Der wunderliche alte Baum machte jetzt ein strenges, mürrisches Gesicht und fragte endlich mit fast drohender Stimme: »Bist du geladen?«

Hendrik fühlte sich sehr ungemütlich und fand keine Antwort. Der alte Weidenbaum wiederholte seine Frage.

»Nein, Herr!«, erwiderte Hendrik. Da ging ein leises Flüstern durch die anderen Weidenbäume, der alte Weidenbaum aber strich seine Fiedel mit neuer Kraft und spielte von Neuem und lockender als zuvor.

Hendrik war zwar ein wenig erschrocken, aber er konnte den Tönen nicht widerstehen. Er machte noch größere Luftsprünge als vorher, während der alte Weidenmusikant immer wilder drauflos strich.

Plötzlich hörte er einen lauten Schrei, und eine Stimme rief: »Hendrik! Hendrik!«

Verwundert hielt er inne. Die Stimme klang wie die seiner Frau, die doch daheim in seinem Hause am Rande des Waldes sein musste.

Er blickte verstört um sich, und da bemerkte er zum ersten Male, dass die Weidenbäume, die ihn umgaben, immer näher zusammenrückten. Es schien gerade, als hätten sie ihre Wurzeln auf geheime Weise aus der Erde gezogen und bewegten sich immer dichter auf ihn zu. Sie sahen aus wie große ungefüge Riesen, die feindselig herankrochen.

Der alte Weidenbaum stieß jetzt einen heißeren Schrei aus, dann spielte er lebhaft weiter. Aber die Stimme von Hendriks Frau ertönte noch heller und klarer als zuvor.

»Hendrik! Hendrik! Fliehe! Wenn sie dich fangen, zermalmen sie dich!«

Hendrik konnte an der Wahrheit dieser Worte nicht zweifeln, denn die Weidenbäume drangen wirklich immer näher auf ihn ein.

Da machte er einen großen Sprung, um der Gefahr zu entfliehen. Der alte Weidenbaum schrie laut auf und warf wütend seine Fiedel nach ihm, die nahe an seinem Kopfe vorbeischoss und an einem Weidenbaum in Stücke zerschellte.

Da erklang plötzlich ein schauerliches Ächzen und Stöhnen, und die Weidenbäume streckten drohend ihre Äste nach ihm aus, um ihn zu fassen. Er aber machte noch einen gewaltigen Sprung und brach durch ihren Kreis, lief, was er laufen konnte, und hielt erst inne, als er die Gestalt seiner Frau vor sich sah, die ihm entgegenrief: »Jetzt bist du sicher!«

Zitternd hielt Hendrik inne und stand verwundert da und schaute zurück auf die Weidenbäume, die drohend ihre langen Zweige schwangen, aber wieder an ihrem alten Platze eingewurzelt zu sein schienen, und wandte sich an seine Frau:

»Wie kommst du hierher?«

Da erzählte sie ihm, dass sie den ganzen Tag ein merkwürdiges Gefühl gehabt habe, als ob ihm eine Gefahr drohe. Dann sei ein alter Mann mit langem, weißem Bart gekommen, der habe an die Tür geklopft und um einen Trunk Wasser gebeten. Gern habe sie seine Bitte erfüllt, und als sie ihm das Wasser gebracht, habe er sich bedankt und dann gesagt:

»Dein Mann wird bei Sonnenuntergang an den verzauberten Weidenbäumen vorüberkommen. Lässt er sich verführen, in ihren Kreis einzutreten, so werden sie ihn fangen und zermalmen, denn in ihnen ist der Geist, der die Menschen hasst.«

Hendriks Frau glaubte dem alten Eremiten, brach eiligst auf und kam gerade zur rechten Zeit, um ihren Mann zu retten. Der aber wich niemals wieder in seinem Leben vom rechten Weg ab und blieb so vor jedem Übel bewahrt.

Märchen aus den Niederlanden

Der Versöhnungsbaum

Es war einmal ein armer Fischer, der wusste abends nie, wie er am nächsten Tag sich, seine Frau und sein Kind ernähren sollte. Einmal hatte er schon die halbe Nacht hindurch sein Netz immer und immer wieder ausgeworfen und wieder eingeholt, ohne auch nur eine Flosse darin zu sehen. Zu allem Überdruss hatte er dabei noch alle Not, das Netz immer wieder von dem Kot und Unrat zu reinigen, den er darin heraufbrachte.

Unmutig war er eben damit wieder fertig geworden und hatte das Netz wieder ausgeworfen. Doch als er es jetzt heraufziehen wollte, war das Netz so schwer, dass er es kaum über die Wand seines Kahnes zu ziehen vermochte. Bevor er es auseinanderlegen konnte, befreite sich daraus blitzschnell etwas Schwarzes, Unkenntliches, und plötzlich stand der Teufel vor ihm. Ohne viele Umschweife fragte ihn der Böse: »Was gibst du, was schenkst du mir, Alter, wenn ich dich reich mache, dass du dein Leben lang über und über genug hast?« Nachdem der Fischer sich von seinem Schreck erholt hatte, antwortete er: »Ich gebe dir dafür das Liebste, was ich zu Hause habe.« Hierbei dachte der Fischer weder an seine Frau noch an sein Kind, sondern nur an Dinge wie seinen Hund oder seine Katze oder seinen Sonntagsrock. Der Vertrag wurde beschworen, und zwar so, dass der Fischer sogleich ungeheuer reich sein sollte, seinerseits aber erst in sechzehn Jahren das, was er um diese Zeit am liebsten zu Hause haben werde, an einem bestimmten Ort im Wald übergeben sollte. Als der Vertrag so geschlossen worden war, sagte der Teufel dem Fischer, er solle nur sein Netzt wieder auswerfen, und verschwand.

Der Fischer warf sein Netz wieder aus, und dieses Mal zog er darin unter viel Schweiß einen unermesslichen Haufen Gold in seinen Kahn. Der Fischer freute sich, warf das Netz erneut aus, und wie er es hochzog, da war es noch schwerer als beim ersten Mal. Von dem Gewichte des vielen Goldes ging der Kahn so tief ins Wasser, dass er kaum noch eine Spanne über dem Wasserspiegel stand. Jetzt warf er zum dritten Mal aus und hatte kaum noch die Kraft, es wieder einzuholen. Da er jedoch wieder nicht Fische, sondern lauter blanke Dukaten erblickte, so gab ihm die Habsucht Kraft. Er zog auch den dritten Fang in seinen Kahn, musste nun aber, wenn er nicht samt seinen Schätzen ertrinken wollte, schleunigst ans Land rudern.

Bald war der Goldschatz in die armselige Hütte geschafft. Und schon nach wenigen Tagen verließ der Fischer mit seiner Familie die Hütte und zog mit ihnen in ein ansehnliches Haus in der Stadt. Dort lebte die Familie nun in voller Zufriedenheit. Der Sohn ging in die Schule und lernte fleißig, worüber der Alte sich sehr freute.

Immer weniger dachte der Fischer an den Vertrag, den er mit dem Teufel geschlossen hatte. Doch ab und zu wurde ihm trübe zumute, er wurde unmutig, und in solchen Augenblicken fuhr er seinen Sohn an und manchmal schlug er ihn auch. Der Sohn klagte einmal seinem Lehrer sein Leid. Der Lehrer sagte ihm, er solle, wenn sein Vater ihn wieder misshandele, ein Messer nehmen und ihm damit drohen, er solle ihm endlich sagen, weshalb er von ihm misshandelt werde. Der Sohn befolgte den Rat. Als sein Vater ihn das nächste Mal drohte zu schlagen, zog der Sohn das Messer und drohte dem Vater. Da bekannte der Vater dem Sohn den Vertrag mit dem Teufel. »Damals kam es mir freilich nicht in den Sinn, dass ich mich um mein eigenes Kind bringen würde. Aber so, wie die Worte des Vertrags lauten, kann der Teufel dich, meinen lieben Sohn, für sich verlangen und wird es auch ohne Zweifel tun.«

Als der Sohn dies vernommen hatte, eilte er voll Schrecken zu seinem Lehrer und erzählte es ihm. Doch der Lehrer riet ihm, er solle sich geistliche Kleider machen und dieselben mit Kreuzen, soviel nur immer darauf gingen, schmücken lassen. So angetan, solle er sich an den Ort begeben, den ihm sein Vater nennen würde. Wieder befolgte der Sohn den Rat des Lehrers.

Als er seine über und über mit Kreuzen versehenen Kleider anhatte, trat er vor seinen Vater und fragte ihn nach dem Ort, wo er den Teufel finden würde. Nachdem ihm der Vater den Ort genannt hatte, nahm der Sohn Abschied und machte sich auf den Weg. Spät abends kam er in einen großen Wald, und schließlich kam er in dem

Wald zu einem einsamen, kleinen Haus. Es schien unbewohnt. Der Jüngling trat ein, und da fand er in einem der Zimmer ein altes Mütterchen. Der Jüngling bat sie um Obdach und Nachtlager für die Nacht. Sie sagte: »Recht gerne, mein Lieber, nur fürchte ich, dass du hier nicht ganz sicher sein wirst. Zwölf Söhne habe ich, die sind alle Räuber. Doch ich will dich vor ihnen verstecken, denn wenn sie dich sehen, so bringen sie dich um.« Mit diesen Worten führte sie ihn in die Küche und versteckte ihn im Backofen.

Die Räuber kamen nach Hause und rochen gleich, dass außer ihnen noch ein Mensch im Hause sein müsse. Sie fragten ihre Mutter, wen sie hier versteckt halte. Die alte Mutter versuchte auszuweichen, aber die mörderischen Söhne fingen an herumzusuchen. Der alten Mutter gelang es schließlich, dass sie versprachen, dem Fremden nichts zu tun, wenn er herauskäme. Da kam der Jüngling voller Angst aus seinem Versteck hervor. Die Räuber verwunderten sich sehr über seinen geistlichen Anzug und fragten ihn aus, wer er sei, woher er komme, wohin er wolle. Er erzählte seine ganze Geschichte. Die Räuber hörten sie aufmerksam an, und dann machten sie sich besonders darüber lustig, dass er so dumm sei und nicht erwarten könne, bis ihn der Teufel hole, sondern ihm freiwillig zulaufen wolle.

Am anderen Morgen, als er darauf bestand, seinen Weg weiterzugehen, da beschrieben sie ihm unter schallendem Gelächter, wo sich die Teufelshöhle befand. Den Ort der Höhle kannten sie wohl, aber drinnen waren sie noch nie gewesen. Sie wollten ihm auch einen ihrer Gesellen mitgeben, damit er den Ort nicht verfehle. Zuletzt sagte noch die Räubermutter zu ihm: »Mein Sohn, wenn du zum Teufel gehst, so bitt ich dich, frag ihn, wie ein Mensch, der schon viele ermordet und erschlagen hat, seine Sünden büßen kann. Solltest du glücklich wieder hierher zurückkehren, so sage es mir, denn ich möchte gerne, dass meine Söhne von ihrem schrecklichen Treiben ablassen und fromme Menschen werden.«

Von einem Räuber geführt, machte sich der Jüngling auf den Weg nach der Höhle. An der Höhle kehrte der Räuber um und ließ den Jüngling allein davorstehen. Der Jüngling betrat die Höhle und kam vor eine verschlossene Tür. Er klopfte an. Sogleich tat sich die Tür auf und mehrere Teufel fuhren ihn an: »Was willst du hier? Wo kommst du her?« Der Jüngling merkte wohl, dass sie vor ihm Scheu hatten, weil er geistliche Kleidung und so viele Kreuze darauf trug. Er sagte: »Heute ist der Tag, an dem ich laut Vertrag vom Teufel übernommen werden soll.« Da erhoben die Teufel ein unmäßiges, verworrenes Geschrei: »Geh nur, geh nur, wohin du willst, wir brauchen keine Pfaffen! Wir wollen keine Pfaffen!« Unter wildem Gelächter warfen sie mit Kot und Unrat nach ihm. Doch der Jüngling sagte: »Nun, so gebt mir ein Zeichen von eurem Meister, gebt mir ein Zeichen, dass er mich nicht braucht!« Da gingen zwei der Teufel hinein, um ein solches vom großen Teufel, ihrem Meister, zu holen. Aber an ihre Stelle unter der Tür drängten sich sogleich wieder andere, um unter lautem Gelärme zu schauen, was es gebe.

Bald erschienen die beiden ersten wieder mit einem Pergament in der Hand, auf dem verschiedene schwarze Zeichen standen. Sie gaben es dem Jüngling so in die Hand, dass sie ihn nur ja nicht berührten. Der Jüngling fragte nun die beiden Teufel: »Sagt mir doch noch, wie ein Mensch, der viele Morde und grausamen Totschlag auf dem Gewissen hat, seine Sünden so büßen kann, dass sie ihm verziehen werden?« Da sagte einer der Teufel: »Wenn der Mörder den Prügel, mit welchem er den ersten Menschen erschlagen hat, in die Erde steckt und ihn mit Wasser, das er im Munde herträgt, so lange begießt, bis er wächst, ausschlägt, Blätter und Blüten treibt und Früchte trägt, dann ist das das Zeichen, dass ihm seine Sünden verziehen sind.« Der Jüngling drehte sich um und verließ die Höhle. Die Teufel warfen ihm unter wildem Hohngelächter Kot und Unrat nach, und wenn sie ihn getroffen hatten, schrien sie schrill und ausgelassen.

Der Jüngling war bald zurück bei den Räubern. Er erzählte ihnen, was er erlebt hatte, und zeigte zum Beweis auch das Teufelspergament vor. Während das höllische Wahrzeichen von Hand zu Hand ging, verhöhnten ihn die Räuber nur. Als der Jüngling nun der Alten erzählte, was ihm die Teufel gesagt hatten, da verspotteten die Räuber ihn und ihre Mutter noch mehr. Die alte Mutter ließ sich aber dadurch nicht irremachen. Sie forderte von ihrem jüngsten Sohne den Prügel, mit welchem er seinen ersten Mord begangen hatte. Der Sohn gehorchte, brachte den Prügel und stieß ihn auf den Befehl seiner Mutter gerade vor dem Haus in die Erde. Dann gingen er und die Mutter zu der nächsten Quelle, brachten Wasser im Munde herbei und begossen damit das dürre Holz, während die anderen in einem fort mitspotteten und höhnten.

Doch plötzlich trieben an dem dürren, rindelosen Prügel Knospen hervor, sprangen auf und es entfalteten sich grüne Blätter. Nun lief ein Räuber nach dem anderen zur Quelle, brachte Wasser im Mund und alle begossen den Prügel. Bald hatte der Mordprügel eine üppige Blätterkrone, dann wuchsen daran helle Blüten, und bald wiegten sich herrliche Früchte an dem Baum, goldenen Äpfeln gleich. Einer der Räuber schüttelte den Baum, da fielen einige von den Äpfeln herunter und sprangen entzwei, und aus jedem Apfel flog eine blendendweiße Taube gen Himmel.

Die Räuber standen da und schauten, dann aber fielen sie auf die Knie, baten um Vergebung ihrer Sünden und beschlossen, von Stund an ihr blutiges Handwerk aufzugeben, und sich selber dem Gerichte zur Bestrafung auszuliefern.

Als der Jüngling zur Stadt zurückkehrte, kamen die Räubermutter und ihre Söhne mit, und alle trugen sie ein Zweiglein von dem Wunderbaum mit einigen der schönen Taubenäpfel.

Vor Gericht erzählte nun der Sohn des Fischers zuerst seine Geschichte und welche Auskunft er von den Teufeln erhalten hatte. Zum Schluss erzählte er das Unglaubliche von dem wunderbaren Baum der Versöhnung. Zum Beweis der Wahrheit seiner Aussage warfen einige der Räuber Äpfel auf den Boden, die Äpfel platzten und aus ihnen flogen blendendweiße Tauben in die Luft. Als so offensichtlich wurde, dass den Räubern verziehen war, konnten die Richter sie auch nicht verurteilen und begnadigten sie. Die Räuber gaben den Beraubten die Schätze zurück, die sie in den Kellern unter ihrem Haus im Walde verborgen hatten.

Der Jüngling aber ging nun eilig zu seinem Vater und erzählte ihm alles, was sich zugetragen hatte, und gab ihm das Pergament, in dem stand, dass durch des Teufels eigene Unterschrift der schlimme Vertrag aufgelöst sei. Der alte Fischer war überglücklich. Drei Tage bewirtete er nacheinander die ganze Stadt, Arme und Reiche, und jeden Tag zum Nachtisch wurde den versammelten Gästen das Wunder mit den Äpfeln und den weißen Tauben gezeigt.

Danach lebten Vater, Mutter und Sohn noch lange Zeit glücklich und zufrieden, verehrt von der ganzen Stadt und besonders von den ehemaligen Räubern, deren jeder ein ehrliches Gewerbe ergriffen hatte.

Märchen aus Rumänien

Die drei Linden

Auf dem Kirchhof des früheren Hospitals Zum Heiligen Geiste in Berlin standen vor vielen Jahren drei gewaltig große Linden, die mit ihren Ästen den ganzen Raum überschatteten. Das Wunderbarste an diesen Bäumen war, dass sie mit den Kronen in die Erde eingepflanzt waren und dennoch ein so herrliches Wachstum erreicht hatten.

Vor vielen, vielen Jahren lebten nämlich in Berlin drei Brüder, die sich untereinander recht herzlich liebten. Da geschah es, dass der eine von ihnen des Meuchelmordes angeklagt wurde. Obgleich er die Tat nicht eingestehen wollte, so sollte er doch den Tod erleiden; denn alle Zeugen sagten gegen ihn aus. Eines Tages aber erschienen seine beiden Brüder vor dem Richter und erklärten, dass sie die Tat begangen hätten. Kaum hatte dies der zum Tode verurteilte Bruder vernommen, da gestand er, dass er allein der Schuldige sei; denn er merkte wohl, dass seine Brüder ihn nur retten wollten. So standen nun statt des einen Täters drei vor Gericht, und jeder von ihnen behauptete mit gleichem Eifer, dass er allein den Mord begangen habe.

Da wagte der Richter nicht, den Urteilsspruch an dem Ersten zu vollstrecken, sondern er legte den Fall zuvor noch einmal dem Kurfürsten vor. Dieser verordnete, dass hier ein Gottesurteil entscheiden solle. Er befahl daher, ein jeder der drei Brüder solle eine junge, gesunde Linde mit der Krone in die Erde pflanzen, so dass die Wurzeln nach oben stünden; wessen Baum dann vertrocknen würde, der sei dadurch von Gott als Täter bezeichnet.

Beim Anbruch des nächsten Frühjahrs war das Urteil vollzogen. Und siehe da! Nur wenige Wochen vergingen, und alle drei Bäume, die sie auf dem Kirchhof des Hospitals Zum Heiligen Geist gepflanzt hatten, bekamen frische Triebe und wuchsen bald zu kräftigen Bäumen heran.

So war denn die Unschuld der drei Brüder erwiesen, und die Bäume haben noch lange in üppiger Kraft an ihrer alten Stelle gestanden, bis sie endlich verdorrt sind und anderen Bäumen Platz gemacht haben.

Sage aus Deutschland

Der Schatz im Baum

Als in der Gegend von Popiljany das Christentum noch unbekannt war, pflegten die Heiden, wenn ein Gewitter herannahte, auf den dreieckigen Berg bei dem Orte zu gehen. Mitten auf dem Berg stand ein uralter Baum, dessen Äste und Zweige sich über die ganze Oberfläche des Berges ausbreiteten. Unter diesem Baume suchten die Heiden Schutz, und damit dieser umso wirksamer sei, legten sie in die Höhlung des Baumes eine goldene oder silberne Münze. Der Schatz, welcher sich so mit der Zeit ansammelte, ward von Niemand bewacht: Niemand nahm aber davon, denn er war sicher, tat er dies, bald darauf vom Blitz erschlagen zu werden.

Nach Einführung des Christentums hatten sich alle Leute zu demselben bekehrt bis auf einen uralten Mann, welcher fortan unter dem Baume lebte. Wenn Jemand den Baum schädigen wollte, so richtete er sofort Bogen und Pfeil auf ihn; deshalb mieden fortan alle den Berg und den Baum. Endlich aber beschlossen die Leute, den Baum zu fällen und sich des Schatzes zu bemächtigen, um dafür eine Kirche zu erbauen.

Als sie auf den Berg kamen, war der Baum in der Nacht zuvor mitsamt seinem Hüter und dem Schatz versunken.

Noch jetzt geht des Nachts auf dem Berg ein Geist um: Das soll der frühere Hüter des Baumes sein, und wenn man das Ohr an den Berg hält, so hört man den Baum im Innern des Berges rauschen.

Sage aus Litauen

Die Pappel

Ein König hatte einen großen Garten, in welchem die verschiedensten Bäume standen. Die meisten waren von ihm selbst gepflanzt und unter seiner Pflege herangewachsen. Vor allem gefiel ihm eine Pappel, die sich durch ihren schlanken Wuchs auszeichnete und ein herrlicher Baum zu werden versprach.

In einem Frühjahr aber sah der König voller Betrübnis, dass die Pappel nicht grün werden wollte. Während die anderen Bäume ringsum ihre Knospen entfalteten, blieb sie kahl wie im Winter. Das schmerzte ihn gar sehr.

Als er nun eines Tages mit seinem treuen Diener Hans spazieren ging und an den blätterlosen Baum kam, klagte er diesem sein Leid. Das sagte Hans: »Herr König, ich will Euch den Baum wieder gesund machen, wenn ich behalten darf, was ich unter dem Baum in der Erde finde.« Der König sprach: »Ja, das sollst du gern haben, und du sollst mir dazu fortan der Liebste auf Erden sein.«

Da grub der Diener den Baum aus der Erde, und siehe, da lagen zwischen den Wurzeln zwei große Edelsteine und ein goldenes Buch. Sorgfältig setzte er nun den Baum wieder in den Boden, und dieser begann alsbald zu treiben, dass es eine Lust war. Die Steine aber und das goldene Buch nahm Hans zu sich, und von Stunde an ward er so klug und weise, wie kein Mensch auf Erden war. Auch konnte er die geheime Schrift lesen, die in dem goldenen Buch stand.

Nach einiger Zeit aber ward des Königs Tochter blind, und kein Arzt konnte sie heilen. Da trat der treue Hans zum König und sprach: »O König, seid nicht so traurig; ich will Eure Tochter wieder gesund machen!« – »Ach«, entgegnete der König, »für meine unglückliche Tochter gibt es keine Hilfe! Kannst du ihr aber das Augenlicht wieder verschaffen, so soll sie zum Dank deine Gemahlin werden.«

Hans ging darauf zur Pappel und pflückte ein paar Blätter vor ihr ab, die nahm er und legte sie der erblindeten Königstochter auf die

Augen. Und es dauerte nicht lange, da war sie wieder sehend. Danach heiratete er die Königstochter und wurde später selber König. Die heilsame Pappel aber hielten beide in Ehren, solange sie lebten.

Märchen aus Deutschland

Der goldene Baum im Meere

Ein König sandte einst seinen Schatzmeister in die Städte seines Landes, damit er von seinen Untertanen neue Steuern erheben solle.

»Ich hoffe«, so sprach er, »dass du mit reichen Abgaben und zufriedenem Antlitz wieder vor mir erscheinen wirst.« Nach drei Monaten erschien der Schatzmeister wiederum, aber mit bedrückten Mienen. Jener fragte ihn: »Was ist die Ursache deiner Kümmernis?« Und der Schatzmeister sprach also: »Vernimm, o Fürst, was mir widerfahren ist. Ich kam auf meiner Dienstreise bis zur Küste, und meine Ohren lauschten der ewigen Sprache des Meeres. Dann wurden meine Augen auf eine Stelle im Wasser gelenkt; aus dieser sah ich einen goldenen Baum aufsteigen, dessen Blätter waren Smaragden, seine Blüten Topase und seine Früchte Korallen. In den Zweigen saß eine Jungfrau, deren Lotusaugen waren wie klares Mondlicht. Sie hielt eine Harfe in der Hand und sang eine leise, feierliche Weise. Als das Lied zu Ende war, versank der Goldbaum sacht in die Tiefen des Meeres. Seitdem ich diese wundersame Frau gesehen habe, vergehe ich vor Sehnsucht, sie wiederzusehen. Das ist es, was ich dir zu berichten habe.«

Der König schwieg eine Weile sinnend, dann sprach er ernst: »Es ziemte sich für einen Weisen, nach den Vorschriften Buddhas den Fallstricken der Frauen auszuweichen.« Hierauf entließ er den Schatzmeister gnädig. Allein seit diesem Tage fand der Fürst keine Ruhe mehr. Am siebenten Tage übergab er seinem ersten Hofbeamten die Regierung und machte sich ohne Begleitung auf nach der Meeresküste, zu dem Ort, den der Schatzmeister ihm beschrieben hatte.

Dort angelangt, harrte er der Erscheinung. Und er sah mit einem Male, wie der goldene Baum mit der Jungfrau aus der Meerestiefe emporstieg. Und er hörte sie zu der Harfe leise ein Lied singen, das seine Seele mächtig bewegte. Er stürzte sich in die Fluten, schwamm zu dem Baum und erkletterte ihn. Die Jungfrau blickte ihn erstaunt an und fragte: »Warum bist du zu mir gekommen, du kühner Mann?« Er antwortete: »Deine Schönheit und dein Gesang haben mich bezwungen. Komm mit mir und werde mein Weib!« Da antwortete die Jungfrau: »Wohl möchte ich dies tun, doch kann es nur unter der Bedingung geschehen, dass du am vierzehnten Tage der dunklen Hälfte des Mondes mich in meinem Frauengemach den Tag und die Nacht hindurch allein lassest.« Damit war der König einverstanden, und sie ging mit ihm und wurde seine Gemahlin.

Es kam der vierzehnte Tag der dunklen Hälfte des Mondlichtes, und die neue Königin bat den König, der in ihren Gemächern war: »Herr, verweile heute nicht in meiner Nähe, wie du es gelobt hast!« Er gab seine Zustimmung, eingedenk seines Versprechens und weil er sie mehr liebte als zuvor. Er hieß die Dienerinnen hinausgehen, erhob sich dann selber, nahm sein Schwert in die Hand und schritt hinaus. Draußen aber verbarg er sich hinter einem Vorhang und wartete voll Besorgnis ab, was nun geschehen würde. Allein die Müdigkeit übermannte ihn, und er begann einzuschlafen.

Als er um Mitternacht erwachte, gewahrte er aus seinem Versteck drinnen im Frauengemach, in dem niemand als seine Gemahlin weilte, einen Spukgeist, der peinigte die klaglos duldende Königin auf alle erdenkliche Weise. Da stürzte der König hervor und tötete den schlimmen Geist mit einem einzigen Schwertstreich, so dass sein Haupt am Boden kollerte.

Da rief die Gattin frohlockend aus: »Sei bedankt, du wahrhaft kühner Mann; denn du hast mich von dem Fluch befreit, der auf mir lastete!« Auf seine Frage erzählte sie Folgendes: »Mein erhabener Vater war gewohnt, keine Mahlzeit ohne mich einzunehmen. Eines Tages aber versäumte ich unbesonnenes Kind die gewohnte Essenszeit. Darüber geriet mein Vater in heftigen Zorn, und er fluchte mir mit den Worten: Am vierzehnten Tage des Monddunkels möge alle Male ein böser Dämon kommen und zur Strafe für meine Unachtsamkeit mich peinigen auf alle erdenkliche Art. Ich flehte seine Nachsicht an, und er fügte hinzu: ›Sollte einmal ein Mann erscheinen, der ohne dein Zutun den Dämon tötet, dann sei der Fluch von dir genommen.‹«

Der König sprach hierauf wohlgemut: »Doppelt freut mich, was ich getan. Nun aber lass uns hingehen, deinen Vater begrüßen und es ihm vermelden.« Da schimmerten die Lotusaugen der Königin, und sie erwiderte langsam und feierlich: »Wisse, o Herr, nachdem ich die Gattin eines Sterblichen geworden bin, wird die Gottheit mich nicht mehr achten. Zudem ist alle Zauberkunst, die du an dem goldenen Baum im Meere gewahrt hast, von mir genommen, weil ich mein Herz einem Menschen geschenkt habe.« Bei diesen Worten neigte die Königin das Haupt in Erwartung seiner Gegenrede. Der König aber war über dieses Geständnis hocherfreut und gelobte der Gottheit reiche Opfer. Um sich ihr Wohlgefallen für sein Haus und sein Land noch mehr zu sichern, tat er, vereint mit der Königin, zeitlebens viel Gutes, so dass das Los dieses königlichen Paares bis in ferne Zeiten erklang.

Märchen aus Indien

Der alte Mann, der die Bäume zum Blühen brachte

Vor langen, langen Jahren lebte in einem Dorf ein altes Ehepaar. Sie waren stets ehrlich und brav gewesen, und da ihnen die Götter das Glück, Kinder zu haben, versagt hatten, so schenkten sie ihre Liebe einem kleinen Hündchen, das sie besaßen. Sie hätschelten und pflegten das Tier, als ob es ihr Kind wäre, und der Hund war dafür so dankbar und treu, dass er sich keinen Augenblick von ihnen trennte und stets mit ihnen lief, wenn sie Geschäfte außer Haus besorgten.

Im nächsten Hause lebte ein anderes altes Ehepaar, das waren grausame, harte Leute, die nichts in der Welt liebten als sich selbst. Der böse alte Mann beobachtete oft, wie der Nachbar seinen Hund streichelte und tätschelte, und dann spottete er darüber und sagte: »Was nützt denn solch ein elender Köter?« Wenn aber zufällig der Hund in sein Haus oder seinen Garten kam, bewarf er ihn mit Steinen und Knüppeln und jagte ihn mit harten Worten fort.

Nun waren die guten alten Leute sehr arm, sie nährten sich und ihr Lieblingstier kümmerlich von ihrer Hände Arbeit. Auch der Nachbar war arm, aber dabei habsüchtig und geizig, und niemals hätte er jemandem eine kleine Unterstützung gegeben, am wenigsten einem Hunde ein paar Brocken zugeworfen.

Eines Tages arbeitete der gute alte Mann fleißig in seinem Garten, und als er die schwere Hacke für eine Weile ruhen ließ und sich den Schweiß von der Stirn wischte, sah er, wie das Hündchen an einer bestimmten Stelle des Rasens schnupperte und kratzte. Der Mann dachte sich nichts dabei und wollte schon seine Arbeit von Neuem beginnen, als der Hund laut bellend auf ihn zulief und dann zu der Stelle zurückkehrte und eifrig kratzte. Das tat er mehrere Male, als wollte er seinen Herrn dahin führen, so dass der Mann endlich die Hacke nahm und zu der Stelle ging. Der Mann tat nun mit der Hacke ein paar tüchtige Schläge in die Erde, und – siehe da! – es währte nicht lange, so klang es hell unter dem Stahl der Hacke, und ein großer Schatz von alten, glänzenden Goldmünzen kam zum Vorschein. Mit Hilfe der Frau wurde der Schatz gehoben und sicher ins Haus getragen. Nun waren die alten guten Leute mit einem Male wohlhabend, und wenn sie schon früher den Hund gut gehalten hatten, so taten sie dies jetzt erst recht. Er bekam stets das beste Essen, und sie bereiteten ihm ein so reiches und schönes Lager, dass es ein Prinz sich nicht hätte besser wünschen können.

Natürlich wurde die Geschichte von dem Schatze, den der Hund gefunden hatte, bekannt, und der böse Nachbar wurde über dieses Glück so aufgebracht, dass er vor Aufregung weder essen, noch trinken, noch schlafen konnte. Stets dachte er an die Geschichte, und der bitterste Neid verzehrte ihn. Endlich dachte er, dass der Hund doch wohl die Gabe haben müsse, alle Schätze der Welt aufzuspüren, und deshalb kam er schmeichelnd zu den alten Leuten und bat: »Leiht mir doch Euern Hund auf einen oder zwei Tage, ich habe ihn so gern und werde aufs Beste für ihn sorgen.«

»Wir können den Hund nicht entbehren, wir haben ihn viel zu lieb und können uns keine Stunde von ihm trennen«, entgegnete der gute alte Mann. Doch der neidische Nachbar ließ nicht nach und kam täglich mit derselben Bitte, und da die guten alten Leute niemandem eine Bitte abschlagen konnten, so ließen sie sich endlich erweichen und sagten: »Gut, du sollst ihn für einen Tag haben, aber nur unter der Bedingung, dass du ihn aufs Beste pflegst und es ihm an nichts fehlen lässt, denn wir haben auf der Welt nichts so lieb wie ihn!« Der Nachbar versprach alles und brachte dann das Hündchen freudestrahlend nach Hause.

Am Nachmittag führte er den Hund in den Garten unter einen Baum. »Hier, scharre, Vieh, scharre!«, schrie er ihn an. Der Hund wollte nicht scharren. Da nahm ihn der böse Alte beim Genick, schlug ihn und führte ihn an einen zweiten Baum. »Hier, scharre, Vieh, scharre!«, rief er wieder. Der Hund wollte wieder nicht scharren, was ihm aufs Neue tüchtige Schläge einbrachte. So ging es fort unter Schimpfen und Schlägen unter manchem Baume. Unter dem letzten Baume endlich fing der Hund an zu scharren, und voll innerer Befriedigung beobachtete ihn der böse alte Mann, denn nun glaubte er auch sein Glück zu machen. Er stand hocherfreut dabei, und seine Frau brachte rasch eine Hacke, und dann gruben beide gierig nach dem vermeintlichen Schatze. Aber was fanden sie? Eitel Unrat und Totengebein, und das roch so abscheulich, dass sie sich die Nase zuhalten mussten.

Da waren sie voller Wut, dass der Hund, den sie doch ach so gut verpflegt hatten, sie so arg betrogen hatte. Der Mann war darüber so aufgebracht, dass er auf der Stelle das arme Tier totschlug. Dann aber klagte der Heuchler laut und kam jammernd zu dem Besitzer des Hundes, um nicht als Mörder desselben in Verdacht zu kommen. »Euer Hund«, sprach er, »den ich so gut gefüttert habe, ist plötzlich gestorben, und niemand weiß, wie dies hat geschehen können; ich kann nichts dafür und bringe Euch sofort die Nachricht – er ist eben verschieden!«

Trauernd trug der gute Alte die Leiche seines Lieblings zu der Stelle, wo er den Schatz gefunden hatte. Er begrub ihn dort unter einer alten Fichte und klagte vom Morgen bis in die Nacht über den Verlust des treuen Tieres. Doch einstmals, als er nachts auf seiner Decke lag und fest schlief, da erschien ihm der Hund im Traume und sagte ihm, er möge den Baum, unter dem er selber begraben liege, fällen und einen Reismörser daraus machen, der würde ihn trösten.

Der Mann, der den Baum nicht gern umhauen wollte, erzählte seiner Frau den Traum und fragte sie, was er tun solle. Sie riet ihm aber dringend, den Rat des Hundes zu befolgen, und so ward der Baum gefällt und aus seinem Stamm ein schöner, großer Reismörser angefertigt. Als die Zeit der Reisernte gekommen war, da sollte der neue Mörser gebraucht werden, und als der Mann die Körner hineingetan hatte und anfing zu stoßen, da – o Wunder – kamen statt der weißen Reiskörner lauter blanke Goldstücke zum Vorschein. Nun war die Freude groß, und die alten Leute waren tief gerührt über die Treue ihres Hündchens, die sich noch nach dem Tode bewährte.

Es dauerte nicht lange, so hatte der böse Nachbar auch von dieser Geschichte gehört, und als er nun erfahren hatte, dass sie wirklich wahr sei, beschloss er, auf jeden Fall davon zu profitieren. Er ging zu den guten alten Leuten und sprach heuchlerisch: »Ach, liebe

Nachbarn, ich muss ganz notwendig Reis stoßen, und mein Mörser ist nicht in Ordnung. Seid doch so gut und leiht mir euren neuen, ich werde auch recht behutsam damit umgehen!« Der gute Alte wollte erst Einwendungen machen, aber der Nachbar bat so dringend, dass er den Mörser zuletzt doch hingab, wenn auch ungern, aber es schien ihm gar zu ungefällig, wenn er die Bitte abschlüge.

So trug der Neidische den Mörser triumphierend nach Hause, und bald schleppten er und seine Frau die Ballen Reis herbei und freuten sich auf eine große, unermessliche Ernte an Goldstücken. Aber wiederum ward ihre Habgier arg bestraft, denn statt des Goldes zeigte sich nicht einmal Reis, nein, da kam nur der ekelhafteste, stinkende Unrat zu Tage. Und abermals wurden die beiden schlechten Menschen, die ihren Nachbarn kein Glück gönnten, so böse und ergrimmt, dass sie, ohne sich zu besinnen, den Mörser in kleine Holzsplitter zerhackten und diese verbrannten.

Als nach einigen Stunden der gute alte Mann kam, um seinen Mörser zurückzuholen, fand er den bösen Nachbar vor dem Feuer sitzen, und darin erblickte er die brennenden Stücke seines Eigentums. »Ach, du kommst wohl wegen deines elenden Mörsers?«, fragte ihn der böse Mann. »Der hat mir all meinen Reis verdorben, da habe ich ihn ins Feuer geworfen und verbrannt!«

Als der Alte das hörte, wurde er tief bekümmert, ging klagend nach Hause und legte sich des Abends trauernd zur Ruhe. Aber im Traum erschien dem alten Mann abermals sein liebes Hündchen, das ihn tröstete und ihm sagte, er solle nur zu dem neidischen Nachbar gehen und sich die Asche von dem verbrannten Mörser holen. Mit dieser Asche möge er auf die Landstraße gehen, und wenn der Daimio, der Landesfürst, vorüberreite, so möge er auf die Kirschbäume klettern und dieselben mit der Asche bestreuen; dann würden sie sogleich über und über blühen. Das war ein merkwürdiger Traum!

Der alte Mann ging am Morgen zu seinem Nachbar und bekam vollauf Asche von seinem verbrannten Mörser. Diese tat er nun in einen Beutel und ging damit auf die Landstraße.

Alle Kirschbäume waren noch kahl – es war die Zeit, wo die Kunstgärtner für vieles Geld kleine Kirschbäume in Töpfen verkaufen, um den Leuten den Genuss der hochverehrten Kirschblüte während des Winters im Zimmer zu verschaffen, doch draußen gab es weit und breit keine Kirschblüte; dazu war es viel zu früh im Jahre, man konnte darauf getrost noch einen Monat warten.

Als der gute alte Mann an der Landstraße angekommen war, da sah er in einiger Entfernung den Zug des Daimio herannahen. Der Fürst kam in voller Pracht und mit großem Gefolge. Alle Menschen, die des Wegs kamen, warfen sich pflichtschuldigst zu Boden, um ihm ihre Ehrfurcht zu beweisen, und als der alte Mann dies nicht tat, sondern vor des Daimios Augen flink auf einen Baum kletterte, da wurde der Fürst zornig und befahl, den Mann zu ergreifen.

Doch der alte Mann griff mit der Hand in den Sack und bestreute die Bäume mit der feinen Asche. Im Nu stand alles in Blüte, und der Fürst war darüber so erfreut, dass er den alten Mann reich beschenkte und ihn mit in sein Schloss nahm.

Dort bat er ihn, doch seinen Lieblingsbaum, der verdorrt war, wieder zum Blühen zu bringen. Gern erfüllte der gute alte Mann diese Bitte. Er ließ sich in den Garten führen, und während der Daimio und seine köstlich gekleidete Gattin und sein stolzes Gefolge zuschaute, stieg er auf den Baum, nahm eine Handvoll Asche und streute sie über die Zweige, und von Neuem sprossten Blätter und Blüten aus den Zweigen, und vor den entzückten Augen der Zuschauer bedeckte sich bald der ganze Baum mit köstlichen Früchten.

Hochbeglückt rief der Daimio den guten alten Mann nochmals zu sich und entließ ihn unter reichsten Belohnungen. Desgleichen befahl er, dass er hinfort den Namen »Der alte Mann, der tote Bäume zum Blühen bringt!« führen solle.

Sehr glücklich kehrte der gute alte Mann heim zu seiner Frau und konnte viel erzählen.

Es dauerte natürlich nur kurze Zeit, da war die Geschichte im ganzen Land bekannt, überall wurde sie erzählt, und so erfuhr sie auch der neidische Nachbar. Der wurde darüber ganz aufgebracht, er fand vor Habgier und Missgunst keine Ruhe mehr und begann darüber nachzudenken, wie er auch so ein Glück machen könne. Er sammelte sorgfältig alle Asche, die er von dem verbrannten Mörser noch finden konnte, tat sie in einen Korb und machte sich nach des

Daimios Palast auf den Weg. Als er daselbst ankam, rief er: »Hier ist der alte Mann, der Bäume zum Blühen bringen kann! Hier ist der alte Mann, der Bäume zum Blühen bringen kann!«

Der Daimio hörte ihn zufällig, war sehr überrascht und befahl ihn vor sich. Der neidische Nachbar wurde herbeigeführt und der Daimio sagte: »Du bist nicht der alte Mann, der neulich hier war. Ich wusste nicht, dass zwei Menschen solches Wunder vollbringen können!«

Da antwortete der böse alte Mann: »Ich bin der echte Mann, der Bäume zum Blühen bringen kann. Der andere hat mir nur mein Geheimnis gestohlen.«

Der Daimio glaubte diesen Worten nicht ganz. Daher sprach er: »Es würde mich sehr freuen, das Wunder noch einmal zu sehen. Da sind noch viele Bäume im Garten ohne Früchte. Lasst ihn versuchen, was er tun kann!«

Der böse alte Mann wurde in den Garten geführt, und als er den Daimio, seine Gemahlin und den Hofstaat sah, hüpfte sein Herz vor Freude über die Ehre, die ihm bevorstand. Stolz stieg er mit seinem Korb Asche auf einen Baum. Als er jedoch die Asche verstreute, erschien kein einziges Blatt, keine Blüte, keine Frucht, wohl aber flog die Asche dem Daimio in die Augen und den reichgeschmückten Kriegern ins Gesicht. Und allen auf die prächtigen Gewänder.

Da wurde der Fürst zornig und rief seinen Leuten zu: »Ergreift ihn und gebt ihm hundert Peitschenhiebe und sperrt ihn in den Kerker. Er ist ein ganz schlimmer Betrüger. Fort mit ihm!«

Da wurde der böse alte Mann vom Baum heruntergeholt und trotz seiner Bitten und Flehen tüchtig durchgeprügelt und in den Kerker geworfen, wo er zum Lohn für alle seine bösen Taten lange Zeit bleiben musste. Als er wieder frei kam, da hatten die Leute in seinem Dorfe all seine Bosheit erfahren und wollten nichts mehr mit ihm zu tun haben, und so nahm er schließlich ein klägliches Ende.

Aber der gute alte Mann und sein Weib, die ihren Hund in dankbarem und treuem Andenken behielten, lebten noch lange, freuten sich ihres Reichtums und waren glücklich.

Märchen aus Japan

Der Zauberwald

In alten Zeiten gab es einen grausamen König, der gerne Jagd auf junge Mädchen machte; und wenn er sie gefangen und es recht böse und schlimm mit ihnen getrieben hatte, tötete er sie mit einem scharfen Messer. Alle Väter und Mütter schickten ihre Töchter fort in Sicherheit, wenn sie es konnten, aber da war ein junges Mädchen in einer einsamen Hütte, das konnte nicht fortgehen. Seine Großmutter war zu arm, um es wegzuschicken, und so versteckte sie es und verdiente ihr Brot durch Spinnen.

Nun war da nicht weit von dem Häuschen ein Zauberwald, und niemand wagte, ihn zu betreten, nicht einmal der böse König, wegen der großen Eiche, die dort wuchs. An einem Markttag war die Großmutter krank, und so musste das Mädchen die Wolle hinbringen oder sie würden Hungers sterben.

Sie weinten und küssten einander, und die Großmutter segnete sie und riet ihr, den ganzen Weg auf Zehenspitzen zu gehen, und nicht durch den Zauberwald, obwohl es der kürzeste Weg war. Das Mädchen stimmte zu und ging auf Zehenspitzen davon, das Bündel Wolle im Arm. Es dauerte nicht lange, da erblickte sie den grausamen König, der in der Ferne daherritt. Sie lief nicht los und wurde nicht aufgeregt, sondern ging lautlos auf Zehenspitzen in den Zauberwald.

Sie ging durch den Wald, wo der Eichenbaum stand,
und sie grüßte den Eichbaum voller Artigkeit,
und der ließ sie gehen in die Stadt, die Stadt,
und das Glück begleitete sie auf all ihren Wegen
aus dem Wald, dem wunderschönen Wald.

So hatte sie recht getan, nicht wahr?

Aber der böse König hatte sie gesehen, und das war nicht recht, nicht wahr?

Er gab seinem Pferd die Sporen, zog sein scharfes Messer und ritt ihr nach.

Er ritt durch den Wald, wo der Eichenbaum stand,
und er verfluchte den Eichbaum voller Grimm,
und er nahm sein scharfes Messer, um das Mädchen zu morden;
aber ein Ast fiel geschwind, und er brach seinen Hals,
in dem Wald, dem wunderbaren Wald.

So war es recht, nicht wahr?

Aber seine Mannen kamen und suchten nach ihm. Sie konnten ihn zwischen den Bäumen durch sehen. Die böse Schar sann auf Rache, und sie galoppierte in den Wald, um den Eichbaum zu fällen.

Oh sie ritten in den Wald, wo der Eichenbaum stand,
den Baum zu schlagen, den Eichenbaum.
Da ächzte der Baum und forderte seinesgleichen auf,
dass die Bäume sich schlossen und sie nie mehr herauskamen
aus dem Wald, dem wunderbaren Wald.

Und so war es recht, nicht wahr?

Märchen aus England

Literatur- und Quellenverzeichnis

Yggdrasil

Verwendete Literatur:

Derolez, R.L.M.: Götter und Mythen der Germanen. Wiesbaden: Verlag F. Englisch, 1976.

Diederichs, Ulf: Germanische Götterlehre, herausgegeben mit mythologischem Wörterbuch. Diederichs Gelbe Reihe 46. Köln: Eugen Diederichs Verlag, 1984.

Grimm, Jacob: Deutsche Mythologie. Unveränd. photomech. Nachdr. der 4. Ausgabe. Tübingen: Wissenschaftl. Buchgem. e.V., 1953.

Golther, Wolfgang: Handbuch der germanischen Mythologie. Unveränderter Nachdruck der revidierten Ausgaben von 1908. Stuttgart: Magnus-Verlag, o.J.

Golther, Wolfgang: Germanische Mythologie. Essen: Athenaion by Phaidon Verlag GmbH, 2000.

Krause, Arnulf: Reclams Lexikon der germanischen Literatur und Heldensage. Stuttgart: Philipp Reclam jun. GmbH & Co Kg, 2010.

Leyen, Friedrich von der: Das Märchen in den Göttersagen der Edda. Berlin: Verl. Georg Reimer, 1899.

Mannhardt, Wilhelm: Germanische Mythen. Berlin: Verl. v. Ferdinand Schneider, 1858.

Marx, Helma: Das Buch der Mythen aller Zeiten aller Völker. Graz; Wien; Köln: Verlag Styria / München: Eugen Diederichs Verlag, 1999.

Meyer, Elard, Hugo: Germanische Mythologie. Berlin: Mayer & Müller, 1891.

Mogk, Eugen: Germanische Mythologie. Leipzig: Göschen'sche Verlagshandlung, 1906.

Niedlich, Joachim Kurd: Das Mythenbuch. Die germanische Mythen- und Märchenwelt als Quelle deutscher Weltanschauung. Leipzig: Verlag der Dürr'schen Buchhandlung, 1923.

Saubert, B.: Germanische Welt- und Gottanschauung in Märchen, Sagen, Festgebräuchen und Liedern. Hannover: Helwingsche Verlagsbuchhandlung, 1895.

Schalk, Gustav: Meisterbuch Deutscher Götter- und Heldensagen. Berlin: Deutscher Verlag, 1912.

Schmidt, Ferdinand: Der Götterhimmel der Germanen. Wittenberg: Verlag von R. Herrosch, o.J. (ca.1890).

Storluson, Snorri: Prosa-Edda. Zürich: Manesse-Verlag, 1991.

Himmelhohe Bäume

Schöner als Himmel und Erde
Studer-Frangi, Silvia (Hg.): Italienische Märchen. Krummwisch: Königsfurt, 2008. S. 119f.
Mit freundlicher Genehmigung der Herausgeberin und des Verlages.

Die Prinzessin auf dem Baum
Jahn, Ulrich: Volksmärchen aus Pommern und Rügen. Norden; Leipzig: Diedr. Soltau's Verlag, 1891. S. 19-29. Geringfügig bearbeitet von Sabine Lutkat.

Die Frucht des hohen Baums
Elisabet Rona-Sklarek, Ungarische Volksmärchen II, Dieterich'sche Verlagsbuchhandlung, Leipzig, 1909. S. 26-35. Bearbeitet von Sabine Lutkat.

Der Wunderbaum zum Himmel
Vernaleken, Theodor: Kinder- und Hausmärchen, dem Volke treu nacherzählt. Wien; Leipzig: Wilhelm Braumüller, 1900^{4}. S. 134-136. Ursprünglicher Titel: »Der Wunderbaum«. Erzählbearbeitung: Sabine Lutkat.

Der Wunderbaum
Haltrich, Josef: Deutsche Volksmärchen aus dem Sachsenlande in Siebenbürgen. Berlin: Julius Springer, 1856. S. 70-77. Geringfügig bearbeitet von Sabine Lutkat.

Von der Herkunft der Bäume und ihren Eigenschaften

Warum die Bäume nicht mehr reden
Dähnhardt, Oskar: Naturgeschichtliche Volksmärchen. Leipzig; Berlin: Verlag von B.G. Teubner, 1912^{5}. S. 46-47.

Warum die Kiefern so struppig sind
Peuckert, Will-Erich: Schlesiens deutsche Märchen. Darmstadt: J.G. Bläschke Verlag; Brentano-Verlag, o.J. ca. 1931. Reprint Jos. Gotth. Bläschke Presse Darmstadt, o.J. S.441-442. Geringfügig bearbeitet von Sabine Lutkat.

Märchen von der Eiche
Mell, Max: Alpenländisches Märchenbuch. Volksmärchen aus Österreich. Wien: Amandus Verlag, 1946. S. 70.

Steineiche und Steinbuche
Dähnhardt, Oskar: Naturgeschichtliche Volksmärchen. Erster Band. Leipzig; Berlin: B. G. Teubner, 1925. S. 38f.

Vom Ursprung des Kokosnuss-Baumes
Danzel, Hedwig und Theodor: Sagen und Legenden der Südsee-Insulaner. Hangen i. W.; Darmstadt: Folkwang-Verlag G.m.b.H., 1923. S. 35-36. Geringfügig bearbeitet von Sabine Lutkat.

Der Baum und seine Früchte

Der Wunderbaum Allepantepo
Koch-Grünberg, Theodor: Indianermärchen aus Südamerika. Jena: Diederichs, 1920. S. 101-102. Ursprünglicher Titel: »Der Wunderbaum«. Geringfügig bearbeitet von Sabine Lutkat.

Vom Baum, der goldene Äpfel trug
Grabowski, Elisabeth: Sagen und Märchen aus Oberschlesien. Breslau: Priebatsch's Buchhandlung, 1932. S. 54-57. Geringfügig bearbeitet von Sabine Lutkat.

Einen Birnbaum säen
Pu Sung-ling: Umgang mit Chrysanthemen. Zürich: Verlag Die Waage. 1987, S. 47-50. Erzählbearbeitung: Sabine Lutkat.

Alle tausend Jahre reift die flache Pfirsichfrucht
Förster-Streffleur, Sidonie von: Was Li-Pao-Ting erzählt. Chinesische Sagen und Märchen. Wien: Kunstverlag Anton Schroll & Co., 1924. S. 43-48.

Sprechende, singende und helfende Bäume

Die Jungfrau geht nach dem Feuer
Peuckert, Will-Erich Peuckert: Schlesiens deutsche Märchen. Darmstadt: J.G. Bläschke Verlag; Brentano-Verlag. Darmstadt, o.J. ca. 1931. Reprint Jos. Gotth. Bläschke Presse Darmstadt, o.J. S.191-192. Geringfügig bearbeitet von Sabine Lutkat.

Die Töchter des Holzhauers
Henßen, Gottfried: Volksmärchen aus Rheinland und Westfalen. Wuppertal-Elberfeld: A. Martini & Grüttesien GmbH, 1932. S. 124-131. Erzählbearbeitung: Sabine Lutkat.

Das Makassarische Aschenbrödel
Hambruch, Paul: Malaiische Märchen aus Madagaskar und Insulinde. Jena: Diederichs, 1922. S. 141-143.

Der Fichtling
Graber, Georg: Sagen aus Kärnten. Graz: Leykam-Verlag, 1944. S. 12f.

Springendes Wasser, sprechender Vogel, singender Baum
Pröhle, Heinrich: Kinder- und Volksmärchen. Leipzig: Avenarius und Mendelssohn, 1853. S. 10-16. Erzählbearbeitung: Sabine Lutkat.

Bäume als beschützende Zuflucht und Heimat

Das Lorbeerkind
Hahn, Johann Georg von: Griechische und albanische Märchen. Erster Teil. Leipzig: Verlag Wilhelm Engelmann, 1864. S. 163-166. Erzählbearbeitung: Sabine Lutkat.

Von den Teufelchen auf dem Eichenbaum
»Es war einmal«. Märchen aus aller Welt. Hrsg. v. Schuldirektor R. Stecher, Dresden. Dresden: Dresdener Jugendschriften-Verlag. 1905/1906, Band 1. S. 277-283. Geringfügig bearbeitet von Sabine Lutkat.

Der Blinde
Zingerle, Ignaz und Joseph: Kinder- und Hausmärchen aus Süddeutschland. Regensburg: Friedrich Pustet, 1854. S. 319-326.

Lineik und Laufey
Poestion, Josef Calasanz: Isländische Märchen. Wien: C. Gerold, 1884. S. 85-97.

Die Heckentür
Kuhn, Adalbert; Schwarz, W.: Norddeutsche Sagen, Märchen und Gebräuche aus Mecklenburg, Pommern, der Mark, Sachsen, Thüringen, Braunschweig, Hannover, Oldenburg und Westfalen. Leipzig: F. A. Brockhaus, 1848. S. 355-356.

Der Wacholderbaum
Ludwig Bechstein's Märchenbuch. Mit 90 Holzschnitten nach Originalzeichnungen von Ludwig Richter. Leipzig: Georg Wigand, 1879[32]. S. 211-222.

Der Garten der Jadefee
Schwarz, Rainer: Die Gingkofee. Acht chinesische Volksmärchen aus der Provinz Schandung. Leipzig:, Insel-Verlag, 1978, S. 52-60.

Von Menschenbäumen und Baummenschen

Der Ahornbaum
Sklarek, Elisabet: Ungarische Volksmärchen. Leipzig: Dieterich'sche Verlagsbuchhandlung. Band I, 1901. S. 195-197.

Die Zauberesche
Graber, Georg: Sagen aus Kärnten. Graz: Leykam-Verlag, 1944. S. 18f.

Die beiden Ebereschenbäume
Aventrup, Age; Treitel, Elisabeth: Isländische Märchen und Volkssagen. Berlin: Axel Juncker Verlag, 1919. S. 268-270. Der letzte Absatz wurde geringfügig geändert.

Gulianar, die Granatapfelblüte
Michael, C. (Hg): Die schönsten Märchen, Sagen und Parabeln aus dem Morgenlande. Orientalische Märchenwelt. Dreißig Märchen und Erzählungen nach altägyptischen, indischen, persischen und arabischen Überlieferungen. Leipzig; Berlin: Verlag und Druck von Otto Spamer, 1885. S. 183-192. Erzählbearbeitung: Sabine Lutkat.

Die Geschichte von dem hölzernen Mädchen
Schmidtbonn, Wilhelm: Die siebzig Geschichten des Papageien. Stuttgart u.a.: Deutsche Verlagsanstalt. 1927, S. 78-82.

Wundersame Baumgeschichten

Die drei Bäume
Michel, Robert: Slowakische Märchen. Wien: Wilhelm Andermann Verlag. o.J. S. 15-20.

Der Schneider im Baum
Winkler, Karl: Oberpfälzische Sagen, Legenden, Märchen und Schwänke. Aus dem Nachlass Franz Xaver von Schönwerth's. Kallmünz: Michale Laßleben, 1935. S. 322-323.

Die verzauberten Weiden
»Es war einmal«. Märchen aus aller Welt. Hrsg. v. Schuldirektor R. Stecher, Dresden. Dresden: Dresdener Jugendschriften-Verlag, 1905/1906, Band 6. S. 55-59.

Der Versöhnungsbaum
»Es war einmal«. Märchen aus aller Welt. Hrsg. v. Schuldirektor R. Stecher, Dresden. Dresden: Dresdener Jugendschriften-Verlag. 1905/1906, Band 25. S. 56-63. Erzählbearbeitung: Sabine Lutkat.

Die drei Linden
Harten, J. v.; Henniger, K.: Von Blumen und Bäumen – Märchen, Sagen und Legenden aus der Pflanzenwelt. Cöln am Rhein: Hermann & Friedrich Schaffstein, 1915. S. 61.

Der Schatz im Baum
Veckenstedt, Edm.: Die Mythen, Sagen und Legenden der Zamaiten (Litauer). Heidelberg: Carl Winter's Universitätsbuchhandlung. Bd. II, 1883. S.194-195.

Die Pappel
Harten, J. v.; Henniger, K.: Von Blumen und Bäumen – Märchen, Sagen und Legenden aus der Pflanzenwelt. Cöln am Rhein: Hermann & Friedrich Schaffstein, 1915. S. 62-63.

Der goldene Baum im Meere
Ruland, Wilhelm: Morgenländische Märchen. München: Georg Müller, 1924, S. 96-102.

Der alte Mann, der die Bäume zum Blühen brachte
»Es war einmal«. Märchen aus aller Welt. Hrsg. v. Schuldirektor R. Stecher, Dresden. Dresden: Dresdener Jugendschriften-Verlag, 1905/1906, Band 16. S. 50-59. Geringfügig bearbeitet von Sabine Lutkat.

Der Zauberwald
Europäische Märchengesellschaft: Das Gesicht der Völker. Jubiläumsband. Hrsg. von Harlinda Lox und Sabine Lutkat. Krummwisch: Königsfurt-Urania, 2016. S. 70-72.
Zuerst abgedruckt in: Märchen der europäischen Völker. Unveröffentlichte Quellen. Im Auftrage der Gesellschaft zur Pflege des Märchengutes der europäischen Völker, herausgegeben von Christian Jenssen. Bd. 9. Münster: Aschendorff Verlag, 1973. S. 60-61.
Mit freundlicher Genehmigung der Europäischen Märchengesellschaft e.V.

Soweit nicht anders vermerkt, sind die Texte in der Originalfassung übernommen und lediglich leicht in Rechtschreibung, Grammatik und Zeichensetzung angepasst. Bearbeitungen der Originalfassung sind vermerkt.